KB244727

五十音図

●**清音**（せいおん）

ひらがな					
	あ [a]	か [ka]	さ [sa]	た [ta]	な [na]
	い [i]	き [ki]	し [shi]	ち [chi]	に [ni]
	う [u]	く [ku]	す [su]	つ [tsu]	ぬ [nu]
	え [e]	け [ke]	せ [se]	て [te]	ね [ne]
	お [o]	こ [ko]	そ [so]	と [to]	の [no]

かたかな					
	ア	カ	サ	タ	ナ
	イ	キ	シ	チ	ニ
	ウ	ク	ス	ツ	ヌ
	エ	ケ	セ	テ	ネ
	オ	コ	ソ	ト	ノ

は [ha]	ま [ma]	や [ya]	ら [ra]	わ [wa]	ん [n]
ひ [hi]	み [mi]		り [ri]		
ふ [hu]	む [mu]	ゆ [yu]	る [ru]		
へ [he]	め [me]		れ [re]		
ほ [ho]	も [mo]	よ [yo]	ろ [ro]	を [o]	

ハ	マ	ヤ	ラ	ワ	ン
ヒ	ミ		リ		
フ	ム	ユ	ル		
ヘ	メ		レ		
ホ	モ	ヨ	ロ		ヲ

会話로 배우는 日本語

벗꽃 향기 2
속으로

김혜옥 지음

正進出版社

머리말

일본어는 왜 배워야 하는가? 일본어 교육은 왜 필요한가?

80년대 후반부터 90년대 초에 걸쳐서 일본어 붐이 최고조에 달했으나 그 이후 일본 경제의 하강과 함께 학습자의 수가 감소하고 있다. 그러나 일본어는 쇠퇴한 것이 아니라 여전히 각 대학의 정규교육과정, 민간의 어학원, 그외 공공기관이나 대사관 주최의 강좌 등에서 강의되고 있다. 특히 국제화, 세계화가 큰 줄기를 이루고 있는 오늘날, 우리가 一衣帶水로 가장 가까운 나라인 일본과 일본어에 대해 연구하는 것은 필수적인 것이라 해도 과언이 아니다.

오늘날 일본어는 「작은 섬나라의 말」이 아니다. 일본 경제는 세계 시장을 석권하고 있으며, 이것을 배경으로 하여 일본어는 국제 무역에서 중요한 언어로 자리잡고 있다. 물론 영어처럼 아직 국제 공용어라고 할 수는 없으나 일본어는 국제적 지위가 점점 높아져 가고 있다는 것은 엄연한 사실이다.

현대를 흔히 「정보의 시대」라고 한다. 중요한 「정보」를 만들고 전달하는 것은 「사람」이며, 「사람」은 「정보」를 주로 「언어」로 전한다. 우리는 자신의 발전을 위해서 상대방을 올바로 알아야 하며 상대방의 삶 및 상대국의 정치, 경제, 사회, 문화를 알기 위해서도 기본적 소통 도구인 그들의 언어를 알아야 한다.

일본을 이기기 위해 일본어를 배운다는 항간의 말들이 있다. 그러나 이러한 주장은 상호이해와 국제교류가 중시되는 이 시대의 명분으로는 어울리지 않는다. 상대를 잘 아는 것이 이기는 것이고 상대를 알기 위해서 상대국의 언어를 습득한다는 갈등논리 이전에 언어소통을 통해 상호이해한다는 마음으로 외국어를 습득해야 할 것이다. 일본어의 습득을 통하여 일본 사정을 알게 되는 것은 다른 외국어와는 달리 한·일 양국간의 역사적 악순환을 막고 선린 역사의 창출을 위한 교육이란 점에서 특별한 의미를 갖는다. 한국에서 일본어를 가르친다는 것은 단순한 도구로서의 외국어 학습 차원을 넘어 상호이해에 기여할 수 있다는 점에서 미래지향적이라 할 수 있다.

그동안 일본어 학습 인구의 급속한 증가와 함께 각종 학습서의 출간도 꾸준히 이루

어져 왔다. 그러나 일본어 학습서의 대부분이 너무 문법 중심의 시각에서 탈피하지 못하고 있고, 장면의 설정 및 단어의 선정에 있어서도 현장성과 실용성이 부족한 점이 많았던 것 같다.

모든 외국어 습득에 있어서 공통적으로 중요한 것은 우선 학습자의 끊임없는 노력이다. 그 다음은 좋은 교재를 선택하는 것이다. 본 교재는 흥미를 유발할 수 있는 회화 내용과 생활언어 및 회화내용을 통해 자연스럽게 습득할 수 있도록 구성되었다. 따라서 본 교재를 선택한 독자는 결코 후회하지 않으리라 확신한다.

각 과의 구성은 다음과 같은 순으로 통일시켰다.
1. 제목 2. 학습요점 3. 본문 4. 낱말풀이 5. 문형연습 6. 문법해설 7. 연습문제
본 교재는 대학교나 학원의 강의용으로 만들어졌으나 부록편에 본문 내용의 해석과 연습문제의 해답을 실음으로써, 가나와 사전 찾는 법만 안다면 혼자서도 습득할 수 있도록 구성되었다. 또 회화 위주로 만든 책이기 때문에 회화체 중심의 일본어다운 일본어, 현대 일본어로 구성되었다. 따라서 문법 설명을 할 필요가 없어도 되는 내용으로 구성되어 있다. 그러나 꼭 알아야 할 문법에 대해서는 회화내용과 관련시켜 충분하게 설명해주었다. 학습요점은 각 과에서 본문에 들어가기 전에 꼭 습득할 것을 권하고자 한다. 또 문형연습란이 있는데, 전체의 대화 속에서 어휘력의 보강과 다양한 표현력을 구사할 수 있도록 구성했다. 문형연습의 반복학습이 요구된다. 연습문제는 그 과를 잘 습득했는가에 대해 물어보는 것으로 반복 학습효과를 줄 것이며, 보충학습 효과를 줄 것이다. 각종 시험 준비생에게 도움이 되리라 본다.

아무쪼록 이 책이 여러분의 학습에 일조를 할 수 있기를 간절히 바란다.

1997년 10월 지은이

目　次

실제편

PART 21

ソウルってほんとうにすばらしい都会ですね。

・箱根ってどんな所ですか。
・何メートルぐらいあるんでしょうかね。
・あのタワーは何のためにつくったんですか。

● 본문1 ●

チン ： 夏休みの計画はもう立てましたか。

金 ： ええ、私は友達と箱根へ行きます。

チン ： 箱根ってどんな所ですか。

金 ： 山や湖があって、とてもきれいな所です。

チン ： そうですか。金さんたちはそこで何をするんですか。

金 ： 私たちはハイキングをしたり、湖のそばでキャンプを
したりします。

チン ： キャンプをするんですか。私も行きたいなあ。

金 ： そうですか。じゃあ、いっしょにいきましょうよ。

낱말풀이

○**夏休(なつやす)み** 여름방학
○**計画(けいかく)** 계획
○**立(た)てる** 세우다
○**箱根(はこね)** 하코네(지명)

○**所(ところ)** 곳
○**湖(みずうみ)** 호수
○**キャンプ** 캠프

金　　：　あれがソウルタワーです。

田中　：　高いですね。何メートルぐらいあるんでしょうかね。

金　　：　479メートルですよ。

田中　：　あのタワーは何のためにつくったんですか。

金　　：　総合電波施設をかねた展望塔としてつくったんです。

でも、今はソウルの観光名所の一つになっているんで

すよ

田中　：　上の方まで行けるんですか。

金　　：　あそこにエレベーターがありますから、あれにのって

上の展望台まで行けますよ。行ってみましょう。

（展望台で）

田中　：　わあ、よく見えますね。

金　　：　よく見えるでしょう。あれが漢江で、ソウルは四方が

山に取り囲まれていますよ。

田中　：　はあ、ソウルってほんとうにすばらしい都会ですね。

낱말풀이

○ **タワー**　타워

○ **総合電波施設**（そうごうでんぱしせつ）　종합전파시설　　○ **かねる**　겸하다

○ **展望塔**（てんぼうとう）　전망탑

○ **観光名所**（かんこうめいしょ）　관광명소

○ **エレベーター**　엘리베이터

○ **展望台**（てんぼうだい）　전망대

○ **四方**（しほう）　사방

○ **取**（と）**り囲**（かこ）**む**　둘러싸다, 에워싸다

○ **都会**（とかい）　도회, 도시

1. 習慣を変えることはなかなか難しいです。しかし、健康のためには規則
正しい生活をすることが一番大切です。

2. A ： ルインさん、今度の休み、どこかへ行くんだって。

   B ： ええ。東北の方へ行ってみようと思っています。

   A ： ほう。いいなあ、気楽で。また日本語の勉強のためにもなるだろ
   うしね。

3. 40才という年齢は医学的に見て、成人病が急に増える時期であり、その
あとの健康管理のために重要な年齢です。このため横浜市では今年も40
才の方を対象に健康診断を行います。

●문법 해설●

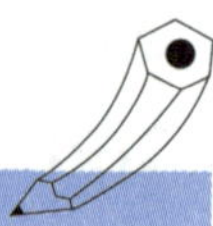

✻ 「って」는 조사로서 회화체로만 사용

① 인용을 나타내는 「と」의 압축된 표현으로, 우리말의 「~(이)라고」에 해당된다.

⇨ ・知らないって言ったよ。

   (모른다고 하던데)

   ・彼が主役だって言ってましたよ。

   (그가 주역이라고 하던데요)

   ・とてもよかったって言ってたよ。

   (굉장히 좋았다고 말하던데)

② 「という」의 압축된 표현으로, 우리말의 「~라고 하는, ~하다는」에 해당된다.

　⇨　◦ 東京って町はすみにくいね。

　　　（도쿄라고 하는 도시는 살기 어렵군）

　　　◦ 大木って名前だ。

　　　（오키라고 하는 이름이다）

　　　◦ あした帰るって話だよ。

　　　（내일 돌아온다는 이야기이다）

③ 「といって」의 압축된 표현으로, 우리말의 「~고 하면서, ~고 해서」에 해당된다.

　⇨　◦ 学校に行くって出かけましたよ。

　　　（학교에 간다면서 나갔는데요）

　　　◦ 何だってまたそんな話をするのか。

　　　（왜 또 그런 이야기를 하는 거냐）

　　　◦ 田舎者だからってばかにするな。

　　　（시골뜨기라고 얕보지 말아라）

④ 「という(も)のは」의 압축된 표현으로, 우리말의 「~(이)라는 것은, ~(이)란」에 해당된다.

　⇨　◦ 人間ってほんとうにおかしいものだ。

　　　（인간이란 정말로 이상한 거야）

　　　◦ お前っていがいにかしこいね。

　　　（너는 의외로 현명하군）

　　　◦ お前の先生ってどんな人かしら。

　　　（네 선생님이란 어떤 분일까?）

⑤ 상대의 말을 되받아 그럴리가 없다는 뜻을 나타내는 말로, 우리말의 「~했다고?, ~ 라고?」에 해당된다.

⇒ ﹒えっ、死んだって。(뭐요! 죽었다고?)

﹒何だって、ばかもの。(뭐라고? 이 바보야)

﹒なに、みな止めたんだって。(뭣, 모두 그만뒀다고)

✳ **ある「있다」**

한국어에서는 사람, 동물, 사물에 관계없이 「있다」라는 한마디 말로 존재를 나타낸다. 그러나 일본어의 경우에는, 생물에는 「いる」, 무생물에는 「ある」를 구분해서 사용한다. 또한, 생물인데 「ある」를, 무생물인데는 「いる」를 쓰거나, 둘다 쓰는 경우마저 있다. 「ある」의 용법 중에는, 「길이나 무게가 있다」라는 뜻도 있다.

● **ある**

① 존재……机の上に本が**ある**。(책상 위에 책이 있다)

② 소유……お金が**ある**。(돈이 있다)

③ 발생하다……ゆうべ火事が**あった**。(어젯밤에 화재가 발생했다)

④ 행해진다……午後から会議が**ある**。(오후부터 회의가 있다)

⑤ 길이/무게가 있다……背の高さが175センチ**ある**。(키 높이가 175센티이다)

⑥ 활용어 과거＋**ことがある**……会ったことが**ある**。(만난 적이 있다 ; ~한 경험이 있다)

⑦ 활용어 현재형＋**ことがある**……食べることが**ある**。(먹는 경우가 있다 ; ~하는[~할] 경우가[적이] 있다)

⑧ 타동사＋**てある**……かぎがかけて**ある**。(열쇠가 채워져 있다 ; 동작이 끝남)

⑨ 명사＋**である**……これは本**である**。(이것은 책이다 ; 설명적으로 물건을 가리킴)

✳ 「ために」의 용법

① 「節₁(動詞의 辞書形)＋ために、 節₂」의 형태로 사용한다. 節₁과 節₂의 주어는 같다.

  ⇨ ・いろいろなことを知る**ために**、外国へ行くんです。

      (여러가지 것들을 알기 위해서 외국에 가는 것입니다)

      ・車を買う**ために**、ずっとお金をためてきました。

      (차를 사기 위해서 죽 돈을 모아 왔습니다)

      ・日本語を勉強する**ために**、日本に来たんです。

      (일본어를 공부하기 위해서 일본에 온 것입니다)

② 「動詞의 可能形＋ようになる」도 「ために」의 앞에서 사용할 수 있다.

  ⇨ ・日本語がもっと話せる<u>ようになる</u>**ために**は、日本人の友達を作るのが一番いいです。

      (일본어를 더 잘하기 위해서는 일본인 친구를 만드는 것이 가장 좋습니다)

      ・コンピューターを使いこなせる<u>ようになる</u>**ために**は、５年間はがんばらないとだめですね。

      (컴퓨터를 잘 다루기 위해서는 5년간은 열심히 하지 않으면 안됩니다)

      ・はやく一人で歩ける<u>ようになる</u>**ために**、病院でがんばっています。

      (혼자서 빨리 걸을 수 있기 위해 병원에서 노력하고 있습니다)

③ 「ため」는 위와 같이 목적을 나타내는 경우와, 이유를 나타내는 경우가 있다. 어느 쪽의 의미인가는, 문맥에 따른다.

  ⇨ ・やせる**ために**、毎朝ジョギングをしています。

      (날씬해지기 위해서 매일 아침 조깅을 하고 있습니다)

      ・ふとっている**ために**、甘いものは食べないようにしています。

      (살이 쪄 있기 때문에 단 것은 먹지 않도록 하고 있습니다)

1. 다음 말을 「って」를 사용하여 일본어로 말해보시오.

   1) 도쿄이라는 곳은 어떤 도시일까요?

   2) 당신이라는 사람은 어떤 사람인가요?

   3) 인생이란 무엇일까요?

2. 「ある」를 사용하여 다음 문장을 일본어로 말하시오.

   1) 후지산은 몇 미터 정도 될까요? (あるんでしょうかね)

      3,776メートルですよ。

   2) 선샤인 60빌딩은 몇 미터 정도 될까요? (サンシャイン60)

      240メートルですよ。

   3) 瀬戸大橋는 몇 미터 정도 될까요? (せとおおはし)

      9,400メートルですよ。

   4) 퀸에리자베스호는 몇 톤 정도 될까요? (クイーンエリザベス号)

      83,673トンですよ。

   5) 東京 타워는 몇 미터 정도 될까요?

      333メートルですよ。

3. 「ために」를 사용하여 다음 보기와 같이 말해보시오.

> 【보기】　　電話は何をするために使いますか。
>
> 　　　　　→電話は人と話すために使います。

   1) 컵 (コップ)

   2) 비누 (せっけん)

3) 신문 (しんぶん)

4) 청소기 (そうじき)

5) 시계 (とけい)

6) 술 (さけ)

7) 선풍기 (せんぷうき)

<table><tr><td>【보기】</td><td>どうして授業を欠席しましたか。
→熱があったため、授業を欠席しました。</td></tr></table>

1) どうして遠足に行きませんでしたか。

2) どうして遅刻しましたか。

3) どうして早く帰りましたか

どうぞお上がりください。

● 본문1 ●

（通りで）

金　　　　：　すみません。ちょっとお伺いします。

通行人　　：　はい、何ですか。

金　　　　：　この近くにバラの村というアパートありませんか。

通行人　　：　さあ、私この辺はあまり詳しくないんですけど。

金　　　　：　そうですか。

通行人　　：　あの店で聞いてみてください。

金　　　　：　そうですね。じゃあ、聞いてみます。どうもありがとう
　　　　　　　ございました。

낱말풀이

○通（とお）りで　거리에서
○伺（うかが）う　⇒聞く、訪ねる의 겸양어,
　여쭈다, 찾아뵙다
○通行人（つうこうにん）　통행인
○バラの村（むら）　장미마을
○辺（へん）　근처
○詳（くわ）しい　자세하다, 상세하다

（店先で）

金　　　　：　すみませんが、この辺にバラの村というアパートないでしょうか。

店の人　　：　バラの村ですか。あの花屋の角を右に曲がって３軒目がバラの村です。

金　　　　：　わかりました。どうもありがとうございました。

店の人　　：　いいえ、どういたしまして。

● 본문2 ●

リン　　　：　ごめんください。

青木　　　：　はい、どなたですか。

リン　　　：　リンです。

青木　　　：　ああ、リンさん。いらっしゃい、お待ちしていました。

リン　　　：　こんにちは。

青木　　　：　どうぞ、おあがりください。

リン　　　：　はい。では、失礼します。

青木　：　どうぞこちらへ。(部屋へ通す)

リン　：　はい。

青木　：　こちらへおかけください。

リン　：　ありがとうございます。

青木　：　今、お茶をいれますから。

リン　：　どうぞ、おかまいなく。

○部屋(へや)へ通(とお)す　방으로 안내하다　　○どうぞ、おかまいなく　조금도 괘념(걱정)
○かける　앉다　　　　　　　　　　　　　　하지 마시고 마음대로 하십시오
○お茶(ちゃ)をいれる　차를 달이다

1. A ： ごめんください。

   B ： はい、どちら様ですか。

   A ： 横山です。

2. A ： まあ、横山先生、いらっしゃいませ。どうぞお上がりください。

   B ： はい、お邪魔します。

3. A ： おさきにどうぞ。

   B ： どうも。

4. A ： どうぞお掛けください。

   B ： はい、ありがとうございます。

5. A ： 何もございませんが、どうぞ。

   B ： どうぞおかまいなく。

6. A ： お代わりいかがですか。

   B ： いいえ、もう結構です。 とてもおいしかったです。ごちそうさま
       でした。

7. A ： どうもお邪魔しました。

   B ： いいえ、どういたしまして。

   A ： 失礼します。

B ： お気をつけて。

A ： ごめんください。さようなら。

8. A ： 本日は横山デパートにご来店（らいてん）いただきまして、誠（まこと）にありがとうございます。ご利用階数（りようかいすう）をお知らせくださいませ。

   B ： 5階、お願いします。

   A ： はい、かしこまりました。
   5階、家庭雑貨（かていざっか）。電気製品（でんきせいひん）。家具売り場（かぐうりば）でございます。

9. A ： すみません。ビアガーデンへ行きたいんですが。

   B ： エレベーターで屋上（おくじょう）までお上（あ）がりください。

● 문법 해설 ●

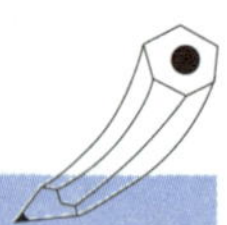

❋ 敬語表現(경어표현)

① 「お+〜ます形+する」 겸양표현

⇒ 。待ちます→おまちします。　　　（기다리겠습니다）

　　。伺います→おうかがいします。　（여쭙겠습니다, 찾아뵙겠습니다）

② 「お+〜ます形+になる」 존경표현

⇒ 。見えます→おみえになります。　（보이시다, 오시다）

　　。待ちます→おまちになります。　（기다리시다）

③ 「お+～ます形+ください」 정중표현

⇨　・待ってください → おまちください。　　　　　（기다리십시오）

　　・上がってください → おあがりください。　　　　（들어오십시오）

✱ 「上がる」의 용례

⇨　・二階へ上がる。　　　　　（이층으로 오르다）

　　・外から部屋へ上がる。　　（밖에서 방으로 들어가다[오르다]）

　　・月給が上がる。　　　　　（월급이 오르다）

　　・雨が上がる。　　　　　　（비가 그치다）

　　・仕事が上がる。　　　　　（일이 끝나다）

　　・費用が安く上がる。　　　（비용이 싸게 먹히다）

　　・風呂から上がる。　　　　（목욕탕에서 나오다）

　　・明日お宅へ上がります。　（내일 댁으로 가겠습니다）

　　・ご飯を上がる。　　　　　（진지를 잡수시다）

✱ 「お+動詞의 連用形+できる」 가능의 겸양어

⇨　・お会いできる　　　　　　（만날 수 있다）

　　・お待ちできる　　　　　　（기다릴 수 있다）

　　・お願いできる　　　　　　（부탁할 수 있다）

　　・お話できません　　　　　（말할 수 없습니다）

　　・お呼びできますか　　　　（부를 수 있습니까?）

♣ 다음 문장을 보기와 같이 경어체를 사용하여 일본어로 옮기시오.

【보기】　横山先生님은 30분쯤 전에 외출하셨습니다.(ほど前に　でかける)
→ 横山先生は30分ほど前にお出かけになりました。

1. 지금 방금 손님차가 도착했습니다.　(ただ今　着く)

2. 横山先生은 유학생 부모와 이야기하고 계십니다.　(ご両親　話す)

3. 사장님 부인은 지금 한가운데 자리에 앉아 계십니다.　(社長のおくさま　真ん中の席
かける)

4. 小林씨, 무겁겠네요. 들어 드릴까요?　(おもそうですね　持つ)

5. 도와 드리겠습니다.　(てつだう)

6. 곧 택시를 부르겠습니다.　(すぐに　タクシー　呼ぶ)

7. 토요일 오후 4시까지 반드시 배달해 드리겠습니다.　(までに　かならず　とどける)

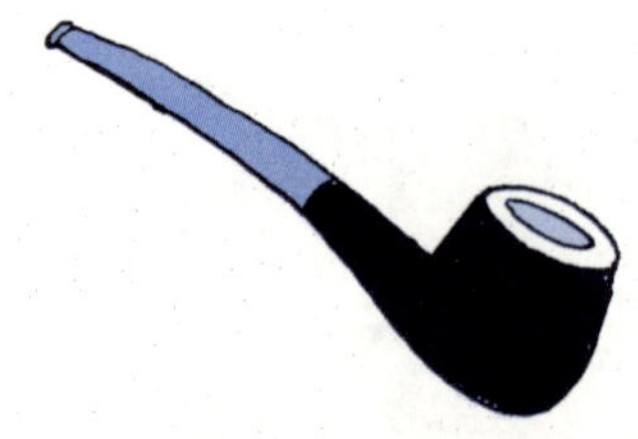

韓国に比べて日本の方が湿っぽいような気がします。

학습요점

・日本のように自分の背丈を越えるような所は少ないと思います。
・秋のすんだ、ぬけるような青空はとてもすばらしいです。
・一度行ってみたいですね。

● 본문1 ●

A ： 金さん、韓国と日本では天候はどのぐらい違いますか。

B ： そうですね。韓国と日本とではそんなに違いませんが、韓国に比べて日本の方が湿っぽいような気がします。韓国も春夏秋冬の四季がありますから気候はよく似ています。ただ日本は細長く、海にかこまれていますから韓国より雪が多いような気がします。

A ： それでは韓国は雪が少ないんですか。

B ： そうでもありませんが、それはやはり地方によって違いま

날말풀이

○ 天候(てんこう)　천후, 날씨
○ 湿(しめ)っぽい　좀 축축하다, 눅눅하다
○ 気(き)がする　느낌이 든다
○ 春夏秋冬(しゅんかしゅうとう)　춘하추동
○ 四季(しき)　사계
○ 気候(きこう)　기후
○ 細長(ほそなが)く ⇒ ほそながい　가늘고 길다
○ 雪(ゆき)　눈　○ やはり　역시
○ 地方(ちほう)によって　지방에 따라서

す。けれども、日本のように自分の背丈を越えるような所
は少ないと思います。

A　：　そうですか。それは日本は日本海を渡るとき湿っぽい空気
　　　になるからですが、韓国は大陸気候ですからね。じゃあ、
　　　夏はどうですか。

B　：　日本より少し遅く梅雨入りしますが、暑さは同じぐらいで
　　　す。ただ日本ほどむし暑くはありません。

A　：　私は暑さには弱いんですが、韓国の夏はしのぎやすいです
　　　か。

B　：　いいえ、韓国もかなり暑いです。私個人的には秋が一番
　　　だと思います。秋のすんだ、ぬけるような青空はとてもす
　　　ばらしいです。

A　：　そうですか。一度行ってみたいですね。秋は暑くも寒く
　　　もない季節ですし、読書、食欲の季節でもありますからね。

B　：　日本とは隣同士ですから一度いらっしゃってください。

横山　：　今度の日曜日に、みんなで日光へ行きませんか。

渡辺　：　いいですね。秋の日光は紅葉がきれいですからね。僕がクラスのみんなに連絡しますよ。

横山　：　そうですか。じゃあ、朝9時に上野駅の中央口の所に集まるように伝えてください。

渡辺　：　はい、わかりました。ところで切符はどうしますか。

横山　：　わたしの方でまとめて買いますから、人数だけ教えてください。

[게곤노타키]
(닛코시에 있는 일본 3대 폭포의 하나)

낱말풀이

○ 日光(にっこう)　닛코(지명)
○ 紅葉(こうよう)　홍엽, 단풍
○ 僕(ぼく)　나(남자가 동년배나 아랫사람에게 쓰는 말)
○ 連絡(れんらく)　연락
○ 集(あつ)まる　모이다
○ 切符(きっぷ)　표, 티켓
○ 買(か)う　사다
○ 人数(にんずう)　인원수
○ 上野(うえの)　우에노(지명)

1. A : あら、かわいいお人形があるわ。

   B : 本当だね。

   A : ちょっとお店の中を見たいから、みんなに待っていてくれるよう
      に言ってね。

   B : ああ、いいよ。じゃあ、僕は先に行くから。

2. A : 何を注文しましたか。

   B : お団子とお茶を六つずつ注文しました。

   A : お茶が五つしかありませんよ。

   B : 変ですね。六つ頼んだんですが。

   A : じゃあ、もう一つ持ってきてくれるように頼んでください。

   B : はい、わかりました。

3. A : スブロトさん、あなたの国にも醤油のようなものがありますか。

   B : はい、あります。

   A : やはり魚の油でつくったものですか。

   B : そうではありません。

   A : 何からつくったものですか。

   B : 醤油と同じように豆と塩からつくります。

4. A : 中村さん、具合が悪いようですが、大丈夫ですか。

   B : 少し頭痛がして、熱があるようなんです。

A ： それはいけませんね。今、風邪がはやっているようですから、病院
　　　で診てもらった方がいいですよ。

B ： はい、そうします。

5. A ： どうしましたか。

B ： 昨日から頭も痛いし、喉も痛いんです。今朝、熱を計ったときは、
　　　38度8分でしたが。

A ： 風邪のようですね。注射を打ちますから、そちらにお掛けください。
　　　それから三日分の薬をあげますから、1日3回、食後に飲んでくだ
　　　さい。

B ： はい、わかりました。

A ： お大事に。

B ： どうもありがとうございました。

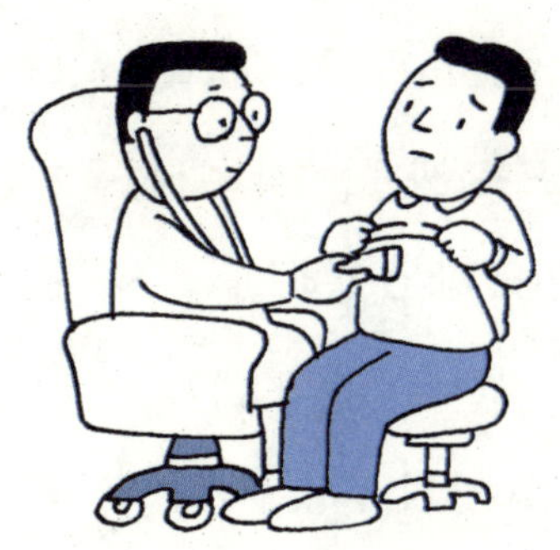

✴ 추량(推量)의 표현 「ようだ／みたいだ」의 특징

● 「ようだ」의 용법

① 「ようだ」는 말하는 사람이 보거나 느끼거나 한 것과 말하는 사람 자신이 갖고 있는 확실한 지식·정보를 비교·추리하는 것에 의해 추량할 때에 사용한다.

　말하는 사람 자신의 주체적인 판단을 직접 나타낸다. 판단 그 자체보다도 대상의 상태를 말하는 것에 중점을 둔다.(판단의 근거가 되는 사항은, 객관적인 것도, 꽤 주관적인 것도 있을 수 있다.)

　객관적인 사항을 근거로 하는 경우에는 「らしい」와 거의 다르지 않으나, 「ようだ」를 사용하면, '명확한 근거가 애매하고, 판단이 주관적·직관적인 것이다'라고 하는 것을 암시한다.

　⇨ 　∘ 電車が遅れているところを見ると、何か事故があった**ようです**ね。

　　　　（전차가 늦는 것을 보니, 뭔가 사고가 있었던 것 같군요）

　　　∘ その話は以前どこかで聞いた**ようだ**。

　　　　（그 이야기는 이전에 어디선가 들은 것 같다）

　　　∘ かなり古いものの**ようだ**から、安くは買えないかもしれない。

　　　　（꽤 오래된 것 같으므로 싸게는 살 수 없을지도 모른다）

　　　∘ 山田さんは今日は忙しい**ようです**ね。

　　　　（야마다씨는 오늘은 바쁜 것 같네요）

　　　∘ 小さいみかんのほうがおいしい**ようです**。

　　　　（작은 귤이 맛있는 것 같습니다）

　　　∘ 今日は雨が降る**ようです**。

　　　　（오늘은 비가 올 것 같습니다）

② 가정조건구 중에서 다른 사람의 판단을 나타낸다.

⇨ ∘ お届け先が留守の**ようでしたら**、隣の家に頼んでください。

　　(배달되는 곳에 사람이 없으면 이웃집에 부탁해 주세요)

∘ 今日中に間に合わない**ようだったら**、明日でもいいですよ。

　　(오늘 중으로 시간에 대지 않을 것 같으면, 내일이라도 좋아요)

③ 단정을 피하여 완곡하게 표현한다.

⇨ ∘ 今回の事故は天災というより人災の**ようですね**。

　　(이번 사고는 천재라기보다 인재인 것 같군요)

∘ だいぶ冷えてきた**ようですね**。暖房を入れましょうか。

　　(꽤 찬 것 같네요. 난방을 할까요?)

④ 비교하여 나타낼 때 표현한다. 어떤 것이 다른 것과 매우 닮아 있을 때에 사용한다.

(まるで〜のようだ)

⇨ ∘ 君は氷の**ように**冷たい心を持っているんだね。

　　(자네는 얼음과 같이 차가운 마음을 가지고 있군그래)

∘ いかにも見てきた**ように**話す。

　　(자못 보고 온 것처럼 말한다)

∘ 芋を洗う**ような**混雑。

　　(감자를 씻는 것 같은 혼잡함)

∘ あの人はまるで日本人の**ようです**。

　　(저 사람은 마치 일본인 같습니다)

∘ あの人はまるで日本人の**ような**顔です。

　　(저 사람은 마치 일본인 같은 얼굴입니다)

∘ あの人はまるで日本人の**ように**日本語を使います。

　　(저 사람은 마치 일본인같이 일본어를 사용합니다)

✽ **みたい**(조동사)

조동사 「～ようだ」와 같은 뜻으로, 체언 또는 동사, 형용사, 일부 조동사의 종지형에 접속되며, 「みたいだ」는 형용사와 같은 활용을 한다. 「みたいだ」는 「ようだ」의 구어적인 표현이다. 회화체에서 많이 사용된다.

⇒ ○ あの人はまるで日本人**みたいだ**。(저 사람은 마치 일본인 같다)
　 ○ それは夢**みたいな**話。(그것은 꿈 같은 이야기)
　 ○ 彼の顔はうれしい**みたいだ**。(그의 얼굴은 기쁜 것 같다)

일반적으로 격식을 깬, 일상적인 회화체로 사용된다.

⇒ ○ 山田さん、今日は忙しい**みたいだ**。

　　(야마다씨, 오늘은 바쁜 것 같다)

　 ○ 雨がまた降りだした**みたいだ**。　← 우산을 쓰고 있는 사람이 보인다

　　(비가 또 온 것 같다)

　 ○ 彼はほんとうに何も知らない**みたいだ**。　← 그가 말하는 모양에서의 판단

　　(그는 정말 아무것도 모르는 것 같다)

　 ○ どうも、あの男にだまされた**みたいな**気がする。　← 그런 기분이 든다

　　(아무래도 그 남자에게 속은 것 같은 기분이 든다)

　 ○ 彼は最近一生懸命勉強している**みたいだ**。　← 그런 모습이 보인다

　　(그는 요즘 열심히 공부하고 있는 것 같다)

　 ○ 入試地獄は当分続く**みたいだ**。　← 근거 없는 판단

　　(입시 지옥은 당분간 계속될 것 같다)

이상과 같이, 객관적인 근거가 있는 것으로부터 모양, 직관적인 판단, 근거가 애매한 판단까지, 「ようだ」와 공통되는 용법이 있다.

♣ 다음 내용을 본 과(23과)에서 찾아 일본어로 답하시오.

1. 당신 나라에서도 간장과 같은 것이 있습니까?

2. 한국에 비해서 일본이 습기가 많은 듯한 느낌이 듭니다.

3. 그러면 아침 9시에 모이도록 전해주세요.

4. 모두에게 기다리고 있어 달라고 말해요.

5. 하나 더 가지고 오도록 부탁해 주세요.

6. 나카무라씨, 몸 상태가 나쁜 것 같습니다만, 괜찮습니까?

天気が悪くなりそうです。

학습요점

・つまらなそうな顔をしていますね。どうかしましたか。

・雨も降りそうになりましたね。

・曇って見えそうもないときは、家にいます。

・まだ雨は降りそうではありませんでした。

● 본문1 ●

金 ： つまらなそうな顔をしていますね。どうかしましたか。

村田 ： あした山へ行こうと思っているのに、今晩から天気が
悪くなりそうでしょう。

金 ： そうですね。さっきから急に風が強くなって、雨も降
りそうになりましたね。台風が近づいているからでしょ
う。どこへ行くつもりですか。

村田 ： 富士山です。

金 ： 天気の悪いときに山へ行くのは危険ですよ。この間も
私の友達で遭難しそうになった人がいます。

낱말풀이

○つまらない　시시하다, 재미없다	○台風(たいふう)　태풍
○顔(かお)　얼굴	○近(ちか)づく　가까이 오다, 다가오다
○急(きゅう)に　갑자기	○危険(きけん)　위험
○風(かぜ)　바람	○この間(あいだ)　일전에, 요전에
○強(つよ)い　강하다	○遭難(そうなん)する　조난당하다

村田　：　どうしたのですか。

金　　：　滑って転んだために、岩から滑り落ちそうになったの

です。

村田　：　そうですか。危なかったですね。雨に濡れると、岩場

は滑りやすくなって危ないですね。残念ですが、あした

行くのは止めます。

金　　：　そうした方がいいですね。天気がよくなってから出か

ければいいでしょう。

村田　：　ええ、そうしましょう。

[후지산]

ㅇ滑(すべ)る　미끄러지다
ㅇ転(ころ)ぶ　구르다, 쓰러지다
ㅇ岩(いわ)　바위
ㅇ滑(すべ)り落(お)ちそうになる ⇒ すべりお
　ちる　미끄러 떨어지다

ㅇ危(あぶ)ない　위험하다
ㅇぬれる　젖다
ㅇ岩場(いわば)　바위가 많은 곳
ㅇ残念(ざんねん)ながら　유감스럽지만
ㅇ止(や)める　그만두다

谷川　：　私の家では、毎年除夜の鐘を聞いてから、家族そろっ
　　　　　て神社に行くんですよ。

リン　：　明治神宮ですか。

谷川　：　いいえ、あそこは混むし、遠いから、家の近くの神社
　　　　　へ行くんですが、たいていお参りするまで、2時間ぐ
　　　　　らい並ばなければなりません。

リン　：　初日の出も見に行きますか。

谷川　：　晴れそうな年は見に行きますが、曇って見えそうもな
　　　　　いときは、家にいて、年越しそばを食べながら新年を
　　　　　迎えます。

[미하루고마]
(어린아이의 건강한 성장을 기원하는 향토완구)

1. A ： きれいなお菓子ですね。

   B ： さっき田中さんにもらったのです。おいしそうでしょう。たくさんあるから、少しあげましょう。

   A ： どうもありがとう。それでは遠慮なくいただきます。

2. A ： 日本のお菓子はほんとうにきれいですね。

   B ： 日本のお菓子は好きですか。

   A ： ええ、しかし、私には少し甘すぎます。それも甘そうですね。

   B ： あなたは辛いものの方が好きですか。

   A ： ええ、辛いものの方が好きです。けれども、酒はあまり飲みません。

3. A ： どれがいいですか。どれか好きなのを選んでください。

   B ： これがあまり甘くなさそうですね。これをいただきます。

   A ： そうですね。あなたにはこれがよさそうですね。

4. A ： お正月は日本で過ごそうと思っているんですが、ふつう、お正月には何をするんですか。

   B ： どこのうちも、お節料理を作ります。それから、初もうでに行ったり、新年のあいさつにお友達のうちを訪問したり、年賀状を読んだりします。

   A ： 楽しそうですね。

   B ： ええ。

5. A ： わあ、おいしそうですね。これは何という料理ですか。

   B ： 「お雑煮」といいます。地方によって味付けが違うんですが、わ
   　　　たしのうちではしょうゆ味なんですよ。

   A ： これ、全部めぐみさんが作ったんですか。

   B ： いいえ。わたしは料理はあまり得意ではありませんから、母がほ
   　　　とんど作ってくれたんです。どうぞ、ご遠慮なくお好きなものを
   　　　取ってくださいね。

   A ： はい、いただきます。

6. 今日は朝からすでに曇ってはいましたが、まだ雨は降りそうではありませ
   ん。しかし、昼ごろになると空が真っ暗になって、今にも雨が降り出し
   そうになりました。風も急に強くなってきました。屋上のアンテナが倒
   れそうに揺れています。台風が近づいているのです。

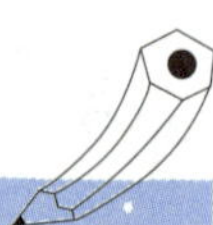

●문법 해설●

✽ 추량의 표현 「〜そうだ」의 특징

●「そうだ」의 용법

「そうだ」는 말하는 사람이 보거나 느낀 것을 기초로 한 추량으로, 사물의 현재상태
나 앞으로 일어날지도 모르는 일에 대해서 추량한다.

　⇨ 。山田さんは今日は忙しそうです。(야마다씨는 오늘 바쁜 것 같습니다)

　　 。このみかんはおいしそうです。(이 귤은 맛있을 것 같습니다)

　　 。今日は雨が降りそうです。(오늘은 비가 올 것 같습니다)

降る

ふりそうだ

ふりそうにない

ふりそうもない

ふりそうにもない

強い

つよそうだ

つよくなさそうだ

つよそうではない

静かだ

しずかそうだ

しずかそうではない

しずかそうではなさそうだ

日本人

日本人のようだ

日本人ではなさそうだ

日本人みたいだ

日本人らしい

① 실제로 확인한 것은 아니나, 외관상으로 볼 때 충분히 그와 같은 성질이나 상태가 인정된다고 하는 주관적 판단을 나타낸다. 형용사, 가능동사, 상태를 나타내는 동사 등에 붙는다.

⇨ ・このりんごはおいし**そうだ**。

(이 사과는 맛있을 것 같다)

・まだ使え**そうな**ものまで捨ててある。

(아직 사용할 수 있을 것 같은 것까지 버려져 있다)

° 彼はいかにも健康そうだ。(그는 너무나도 건강한 것 같다)

② 외관으로 판단하는 것은 아니나 현상을 판단의 근거로 해서 예상한다. '어쩐지 그런 느낌이 든다. 아마 그럴 것이다'라고 하는 추량(실현 가능성)을 나타낸다.

⇨ ° 今夜は月が見られそうですね。

(오늘밤은 달을 볼 수 있을 것 같군요)

° どうやら今日中に終わりそうだ。

(그럭저럭 오늘중으로 끝날 것 같다)

° 何となく叱られそうな気がする。

(왠지 모르게 혼날 것 같은 기분이 든다)

③ 기본적으로 위의 두 가지 의미이나, 말하는 사람이 확실한 단정을 피하는 경우에 사용한다.

⇨ ° この調子ではまだまだ戦争は続きそうだ。

(이 상태로는 아직도 전쟁은 계속될 것 같다)

° 今週いっぱい、お天気がもちそうです。(もつ : 좋은 상태가 오래가다)

(이번주 내내, 좋은 날씨가 계속될 것 같습니다)

④ 말하는 사람이 어떤 상황에 이르기 직전이라고 생각하고 있는 것을 나타낸다.

⇨ ° こぼれそうな水。

(엎지러질 것 같은 물)

° 枝が折れそうで危ない。

(나뭇가지가 끊어질 것 같아 위험하다)

° 忙しくて目が回りそうだ。

(바빠서 눈이 팽팽 돌 것 같다)

1. 괄호 안의 우리말과 같은 뜻의 일본어를 보기에서 골라 말해 봅시다.

> 【보기】 うれしそうな　　まじめそうな　　やわらかそうな　　つよそうな
> 　　　　かなしそうな　　泣きそうな　　　やさしそうな　　　楽しくなさそうな
> 　　　　おいしそうに　　苦しそうに　　　すっぱそうに

◎どんな顔をしていますか。

1) (기쁜 듯한) ──────────┐
2) (슬픈 듯한) ──────────┤
3) (성실한 듯한) ─────────┤
4) (울 것 같은) ──────────┤── かおをしています。
5) (부드러울 것 같은) ──────┤
6) (상냥할 것 같은) ───────┤
7) (강할 것 같은) ────────┤
8) (즐겁지 않은 듯한) ──────┘

◎どのように食べていますか。

9) (맛있는 듯이) ─────────┐
10) (쓴 듯이) ──────────┤── 食べています。
11) (신 듯이) ──────────┘

2. 다음을 번역하시오.

　学校から帰るときも雨がひどく降っていました。夕方になりましたが、雨はやみそうも
ありません。夜ラジオを聞きました。ラジオによると、あしたの昼ごろまで降り続くそう
です。あしたの午後から雨が止むそうです。

還暦のお祝いをなさったそうだ。

- 今でも月に1度はゴルフをなさるそうだし……
- それで今はあんなにお好きだったタバコもやめられたし、
- でもお元気になられてよかったじゃありませんか。
- ゆうべオートバイの音がうるさかったので、ほとんど寝ていないんです。
- それから全然眠れなかったんです。
- 私なんか運転していないのに長い間隣に座っているだけで疲れたわ。

● 본문1 ●

浅野（あさの） ： ところで井上先生はお元気でしたか。

谷川 ： ええ、お元気でした。今でも月に1度はゴルフをなさるそうだし、話し方も昔、僕たちに数学を教えてくださったときのままでした。

浅野 ： そうですか。それはなによりですね。

谷川 ： けれども去年の冬に肝臓を悪くなさって、4カ月ほど入院していらっしゃったそうなんです。

낱말풀이

o なさる ⇒する의 존경어, 하시다
o 昔(むかし) 옛날
o 数学(すうがく) 수학
o 何(なに)より 무엇보다도 가장 좋은, 최상
  의

o けれども 그렇지만
o 肝臓(かんぞう) 간장
o 入院(にゅういん) 입원

浅野　：　それは知りませんでした。

谷川　：　それで今はあんなにお好きだったタバコもやめられた
し、お酒も一滴も召し上がらないんだそうです。

浅野　：　へえ、それは驚きましたなあ。でもお元気になられて
よかったじゃありませんか。今度、手紙でも書いてみる
ことにしますよ。

● 본문2 ●

小林　：　伊東さん、どうしたんですか。目が真っ赤ですよ。

伊東　：　ゆうべオートバイの音がうるさかったので、ほとんど寝
ていないんです。

小林　：　暴走族ですか。

○ やめられたし ⇒ やめる　그만두다
○ 一滴（いってき）　한방울
○ めしあがる　드시다
○ 驚（おどろ）いた ⇒ おどろく　놀라다
○ 元気になられる ⇒ げんきになる　'건강해
지다'의 존경어
○ 真っ赤（まっか）　새빨강
○ ゆうべ　어젯저녁
○ オートバイ　오토바이
○ 音（おと）　소리　○ うるさい　시끄럽다
○ 暴走族（ぼうそうぞく）　폭주족

伊東　：　ええ。暑かったので、窓を開けて寝たんですが、夜中
の２時、３時にすごい音がして、それから全然眠れな
かったんです。

小林　：　それは大変でしたね。暴走族はよく通るんですか。

伊東　：　はい、うちは海が近いから、夏は特に暴走族が多くて
困っています。

본문3

中村　：　運転、疲れたでしょう。

渡辺　：　いや、そうでもないよ。でも雨の日は窓が曇るし、前
が見にくくなるから目が疲れるね。

中村　：　わたしなんか運転していないのに、長い間隣に座って
いるだけでも疲れたわ。

渡辺　：　ああ、それわかるな。僕も人の車に乗っているより、自
分で運転している方が疲れないんだよ。

中村　：　みんな同じなのね。

낱말풀이

○眠られる　⇒ねむる　'자다, 잠들다'의 가능
　동사　　○よく　자주
○困(こま)る　곤란하다
○運転(うんてん)　운전
○疲(つか)れる　피로하다

○見(み)にくい　보기 어렵다
○僕(ぼく)　나 ↔ きみ　너(모두 남자들이 쓰
　는 말)
○自分(じぶん)　자기, 자신
○同(おな)じだ　같다, 마찬가지다

1. A ： うちの課長、とうとう千葉の方に家を建てたそうですよ。

   B ： へえ、すごいなあ。一戸建てですか。

   A ： ええ。5年ぐらい前から庭付きの家に住みたい、住みたいって言
   い続けていたんですよ。

   B ： じゃあ、やっと夢がかなったというわけですね。

2. A ： 日本のお祭りで、有名なものは何ですか。

   B ： 青森のねぶた祭りや、京都の祇園祭りなどです。遠くに住んでい
   る人も、わざわざ見に行くそうですから。

3. A ： 祇園祭りというのは、わたしも写真でみたり聞いたりしたことが
   ありますが、おはやしの音がおもしろいそうですね。

   B ： ええ。わたしも行ったことがないからよくわかりませんが、行っ
   た人の話によると本当に「コンコンチキチン……」と聞こえるそう
   ですよ。

4. A ： そうですか。今年のお祭りはいつですか。

   B ： 今度の日曜日だそうですよ。一緒に行きませんか。

   A ： はい、ぜひ行きたいです。あのう、金さんも見たいそうですから、
   誘ってあげてもかまいませんか。

   B ： もちろんかまいませんよ。お祭りは大勢で行った方が楽しいです
   から。

5. A ： 昨日と今日と浅草の夏祭りがあるそうですが、あなたはもう行き
　　　ましたか。

　 B ： いいえ、まだです。お祭りは、まだ見たことがありません。

　 A ： テレビのニュースによると、昨日だけでもすごい人出だったそう
　　　ですよ。今日は花火もあるそうですから、昨日よりもっと多くな
　　　るでしょうね。

6. A ： おい、今晩、1杯付き合わないか。

　 B ： えっ、珍しいじゃないか。いつも、あんまり飲みたがらないのに。

　 A ： たまには飲みたくなるときもあるさ。

7. A ： 首都高速が約4キロも渋滞だそうよ。

　 B ： せっかく高速道路に入ったのに、4キロも渋滞しているなんて。

　 A ： いつも混んでいるのに、その上、工事中じゃ、ずいぶん時間がか
　　　かりそうね。

　 B ： じゃあ、次の出口でおりようか。

　 A ： その方がよさそうね。

8. A ： この間高等学校を卒業して初めての同窓会があったのに、君、来
　　　なかったじゃないか。

　 B ： 残念ながら出張していて出られなかったんだよ。君は行ったんだ
　　　ろう。大勢集まったかい。

　 A ： うん、クラスの3分の2ぐらい来ていたよ。それから井上先生も
　　　いらっしゃったんだよ。

B ： へえ、井上先生も。何年ぶりかな。

A ： うん。卒業してちょうど６年目だよ。先生は今年60才で、還暦の
お祝いをなさったそうだよ。

9. A ： 最近、暑いので、体の具合がよくありません。

B ： いいビタミン剤を持っていますが、あげましょうか。

A ： ええ、お願いします。外食が多いので、野菜や果物をなるべく食
べるようにしているんですが。

B ： まだまだ暑くなりますから、夏バテしないようにしてくださいね。

A ： はい。あしたは日曜日なので、本でも読んでゆっくり休もうと思っ
ています。

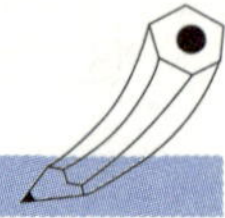

✽ **전달의 표현 「～そうだ」「～と言っていた」「～って」**

　누군가로부터 들은 이야기를 다른 사람에게 전달할 때에는 다음과 같은 문형을 사용한다.

　　A ：　[メッセージ]そうだ／そうです

　　B ：　[メッセージ]と言っていた／と言っていました

　　C ：　[メッセージ]って

　⇨　◦ 明日は雨だ**そうです**。(내일은 비가 온다고 합니다)

　　　◦ 明日は雨だ**と言っていました**。(내일은 비가 온다고 했습니다)

　　　◦ 夏はとっても暑い**そうです**。(여름은 매우 덥다고 합니다)

　　　◦ 夏はとっても暑い**と言っていました**。(여름은 매우 덥다고 했습니다)

　　　◦ どこかへ行くんだ**って**。(어딘가에 간다고 한다)

　　　◦ もう国に帰るんです**って**。(벌써 고국으로 돌아간다고 한다)

메시지가 「もう一度電話します」의 경우

　　A ：　もう一度電話してくれる**そうです**。(다시 전화 준다고 합니다)

　　B ：　もう一度電話する**と言っていました**。(다시 전화한다고 했습니다)

　　C ：　もう一度電話してくれる**と言っていました**。

　　　　　(다시 전화 해준다고 말했습니다)

　「～そうです」와 「～と言っていました」를 비교하면, 전자 쪽이 간접인용의 정도가 강하다고 말할 수 있을 것이다. 직접인용에서는, 메시지의 형태를 바꿀 필요는 없으나, 간접인용에서는 말의 상황에 따라 메시지의 형식을 바꿀 필요가 있다.

✳ 〜じゃないか와 〜じゃありませんか

「〜じゃないか」는 부정이 아니고 반어의 뜻으로 강조의 기분을 나타낸다. 동사나 형용사에 「〜じゃないか」가 연결될 때에는 종지형 즉, 기본형에 연결된다. 공손하게 말할 때에는 「〜じゃありませんか」를 쓴다.

⇨ ・いけないじゃないか。(좋지 않잖아? 즉, 곤란하다의 뜻)

・朝行ったんじゃありませんか。(아침에 가지 않았습니까?)

・日本語が下手じゃありませんか。(일본어가 서툴지 않습니까?)

・よろしいじゃないか。(괜찮지 않느냐?)

・今日も寒いじゃないか。(오늘도 춥지 않은가?)

・少し高いじゃありませんか。(좀 비싸지 않습니까?)

・ここは静かじゃないか。(여기는 조용하지 않느냐?)

・そのくらいなら、結構じゃありませんか。(그 정도면 괜찮지 않습니까?)

・あなたは日本人じゃないか。(당신은 일본인이 아니냐?)

「동사의 미연형＋조동사(う 또는 よう＋じゃないか)」의 꼴도 마찬가지로 반어의 뜻이다.

⇨ ・もう遅いから、帰ろうじゃないか。(이젠 늦었으니 돌아가자꾸나)

・もうそろそろ食べようじゃないか。(이제 슬슬 먹자꾸나)

・ここで寝ようじゃないか。(여기서 자자꾸나)

・もう少し考えてみようじゃないか。(좀더 생각해 보자꾸나)

・あったかくなったら、テニスをしようじゃありませんか。

　(따뜻해지거든 테니스를 칩시다그려)

・時間があるから休もうじゃないか。

　(시간이 있으니까 쉬자꾸나)

✴ 「となり」「よこ」「わき」의 사용 구분

　• 동등(同等), 같은 종류 ― となり

　• 주종(主從), 다른 종류 ― よこ

　• 주종 관계가 더욱 큰 경우 ― わき

「となり」「よこ」「わき」는 중심의 물체가 있고 나란한 경우이고, 「近く」「そば」는 나란히 있지 않은 경우이다.

✴ 수동 · 존경 · 가능 · 자발의 조동사　― れる · られる

① 수동

⇒　∘ 赤ちゃんに泣か**れる**。(애기가 울어댄다)

　　∘ 弟にお菓子を食べ**られる**。(동생이 내 과자를 먹어버린다)

② 존경

⇒　∘ 先生が英字新聞を読ま**れる**。(선생님이 영자 신문을 읽으신다)

　　∘ ある人が道をたずねてい**られる**。(어떤 사람이 길을 묻고 계신다)

③ 가능

⇒　∘ 明日なら私も行か**れる**。(내일이면 나도 갈 수 있다)

　　∘ それならぼくにも答え**られる**。(그것이라면 나도 대답할 수 있다)

④ 자발

⇒　∘ 幼いころのことが思い出さ**れる**。(어릴 때의 일이 생각난다)

　　∘ 病中の母のことが案じ**られる**。(병 중의 어머니 일이 걱정된다)

✴ **お元気になられる**「건강하시다」

「お元気になる」도 존경의 표현이지만 그 정도가 약하다고 생각될 경우에는 「なる」의 존경어 「なられる」를 사용하여 나타낸다.

✽ **なんか**「등, 따위, 같은 것」

회화체에서는 「など」 대신 「なんか」를 사용한다.

① 예를 들 때

⇨ A : どこか行ってみたいところ、ありますか。

　　　(어딘가 가보고 싶은 데 있습니까?)

　 B : そうですね。ハワイとかバリ島**なんか**へ行ってみたいですね。

　　　(글쎄요. 하와이라든가 바리섬 같은 데에 가보고 싶어요)

⇨ A : いっしょにコーヒー**なんか**どうですか。

　　　(함께 커피 같은 것 어떻습니까?)

　 B : いいですね。(좋습니다)

② 사양이나 경멸 등을 나타낸다.

⇨ A : こんなに難しい本は私**なんか**には読めませんよ。

　　　(이렇게 어려운 책은 나 같은 사람은 읽을 수 없어요)

　 B : そんなことありませんよ。読んでみてください。

　　　(그렇지 않아요. 읽어보세요)

⇨ A : ねえ、映画を見に行かない。

　　　(이봐, 영화를 보러가지 않을래?)

　 B : 映画**なんか**つまらないよ。野球にしよう。

　　　(영화 따위 시시해. 야구로 하자)

⇨ A : 山田さんに話しました。

　　　(야마다씨에게 말했습니다)

　 B : 山田さん**なんか**には話してもむだですよ。

　　　(야마다씨 같은 사람에게는 말해도 소용없어요)

1. 다음 일본어를 우리말로 옮기시오.

  1) 外国語は勉強なさいましたか。

     ええ、中国語とかアラビア語なんかを勉強しました。

  2) この仕事、だれに頼みましょうか。

     山田さんなんかどうですか。

  3) 私のことなんか心配しなくてもいいんです。

     いえ、そういうわけにはいきません。

2. 다음 우리말을 일본어로 옮기시오.

  1) 말투도 옛날에 우리들에게 수학을 가르쳐 주셨던 때 그대로였어요.

  2) 그렇지만 작년 겨울에 간장이 나빠지셔서, 4개월 정도 입원해 계셨다고 합니다.

  3) 한밤중 2, 3시에 굉장한 소리가 나고, 그리고 나서 전혀 잠들 수 없었어요.

  4) 그래서 지금은 그렇게 좋아하셨던 담배도 끊으셨고, 술도 한방울도 드시지 않는다

まだよくわかりませんが多分そうだろうと思います。

학습요점

・わたしは外国語大学の試験を受けようと思っています。
・さあ、入れるかどうかわかりません。
・四、五人だろうと思います。

● 본문 ●

A ： わたしは外国語大学の試験を受けようと思っています。

B ： そうですか。外国語大学の試験は難しいでしょう。

A ： はい、たいへんむずかしいそうです。

B ： 試験は11月ですか。

A ： まだよくわかりませんが、たぶん12月のはじめだろうと
　　　思います。

B ： こちらの学生と同じ試験ではないでしょうね。

A ： はい、そうだろうと思います。

B ： あなたはきっと入れますよ。

낱말풀이

○ **外国語**(がいこくご)　외국어
○ **大学**(だいがく)　대학
○ **試験**(しけん)**を受**(う)**ける**　시험을 치다

○ **入**(はい)**れる** ⇒ **はいる**의 가능동사, 들어갈
　　수 있다

A ：　さあ、はいれるかどうかわかりません。

B ：　外国人のための試験を受ける人は多いですか。

A ：　まだはっきりしたことはわかりませんが、今年は非常^{ひじょう}に多

　　　いらしいです。

B ：　30人ぐらいですか。

A ：　もっと多いでしょう。

B ：　それで、何人ぐらいはいれますか。

A ：　四・五人だろうと思います。

B ：　大変ですね。しっかりやってください。

A ：　ありがとう。頑張^{がんば}ります。

○ はっきり　확실히
○ 非常(ひじょう)に　매우
○ しっかり　단단히
○ 頑張(がんば)る　분발하다

1. A ： 去年の夏休みはどうしましたか。

   B ： 中国に帰りました。

   A ： 今年はどうしますか。

   B ： 今年も中国に帰ろうと思います。

2. A ： 今度の週末はどうしますか。

   B ： 何か運動をしようと思います。

3. A ： 明日はどうしますか。

   B ： 明日もまた、ここへ来ようと思います。

4. A ： あなたは今朝学校に遅れましたね。

   B ： はい、10分ぐらい遅刻しました。

   A ： どうしてですか。朝寝坊をしましたか。

   B ： いいえ、電車の故障があったからです。

   A ： どんな故障ですか。電車の故障ですか。

   B ： よくわかりませんが、そうではないだろうと思います。

5. A ： 電車は混んでいましたか。

   B ： わたしの乗っていた電車はあまり混んでいなかったからよかったですが、混んでいる電車に乗っていた人は大変だっただろうと思います。

6. A ： 明日試験があるかどうかわかりますか。

   B ： いいえ、試験があるかどうかわかりません。

7. A ： 日曜日に出かけるかどうか分かりますか。

   B ： いいえ、日曜日に出かけるかどうか分かりません。

8. A ： 何か欲しいものがありますか。

   B ： いいえ、何もありません。

9. A ： だれかペンを貸してください。

   B ： わたしのをどうぞ。

10. A ： どこかでお茶でも飲みませんか。

    B ： そうですね。「十番館」はどうですか。

●문법 해설●

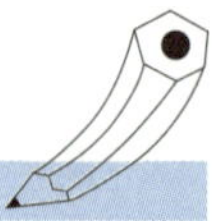

✽「よく」의 주의점

① 곤란한 상황을 수행한 것에 대한 평가

a) 긍정적인 평가를 나타낸다. — 이것은 결과적으로 그 행위가 바람직한 것이었다고
하는 기분을 나타내고 있다.

　⇨　。この絵はよくかかっていますね。

　　　(이 그림은 잘[제대로] 걸려 있군요)

◦ (子供に)**よく**一人で韓国まで来られたね。

(잘도 혼자서 한국까지 올 수 있었네)

b) 부정적인 평가를 나타낸다. ― 이것은 반어적인 용법으로, 「よく〜できたものだ」 「よく〜するものだ」의 형태로 많이 쓰이고, 상대를 비난하는 기분이 들어 있다.

⇨ ◦ よほど課長になりたいのか、心にもないお世辞を**よく**あんなにも言えたものだ。

(꼭 과장이 되고 싶었는지, 마음에도 없는 아부를 그렇게 잘도 말했던 것이다)

◦ 私の努力を**よく**も水の泡にしてくれたわね。

(나의 노력을 보기좋게 물거품으로 만들어 버렸어)

② 행위나 작용의 상태

a) 행위·작용의 충분함을 나타낸다. ― 어떤 상태의 충분함·완전함을 의미하고 있다.

⇨ ◦ 先生の言うことを**よく**聞いてください。

(선생 말씀을 잘 들어주세요)

◦ お手元のプリントを**よく**見てください。

(앞에 있는 프린트를 자세히 봐주세요)

◦ 昨日は**よく**眠れましたか。(어젯밤은 잘 잤습니까?)

b) 행위·작용의 빈번함을 나타낸다. ― 몇 번이나 같은 일을 반복하는 빈번한 상태를 나타낸다.

⇨ ◦ 昔は**よく**ここで遊んだものだ。(옛날에는 자주 여기서 놀았었다)

。まあ、若い者には**よくある**過ちだよ。

(뭐, 젊은이들한테는 흔히 있는 실수이지)

✳ 「思う」와 「考える」의 고찰

① 思う

- 정서적, 직각적(直覺的)으로 어떤 감상을 의식한다.

- 마음속에서 어떤 대상의 이미지(감상・정서)를 의식한다.

② 考える

- 비정서적, 知力을 사용한다. 지적행위, 과정적・논리적・분석적 사고.

- 머리속에서 어떤 대상에 대해서 知力을 사용한다.

⇒ 。僕は彼女は来ないと**思う**。(나는 그녀가 오지 않을 거라고 생각한다)

。日曜日に何をしようと**思います**か。

(일요일에 무엇을 하려고 생각합니까?)

。(写真を見ながら)この人、何才ぐらいだと**思います**か。

(이 사람 몇 살쯤 되어 보입니까?)

。頭(の中)で**考える**。(머리로 생각하다)

。心の中で**思う**。(마음속으로 생각하다)

。じっくり**考える**。(곰곰이 생각하다)

。悔しいと**思う**。(분하다고 생각하다)

。数学の問題を**考える**。(수학 문제를 생각하다)

。どうやったら早く行けるか**考える**。

(어떡하면 빨리 갈 수 있을까 생각하다)

。恋人のことを**思う**／**考える**。(연인에 대해서 생각하다)

。この問題についていろいろ**考えた**が、解決できなかった。

(이 문제에 대해서 여러가지로 생각했으나 해결되지 않았다)

✱ **확인·추측의 표현 「~だろう」「~でしょう」**

行くだろう　行かないだろう　　　行っただろう　　　行かなかっただろう

いいだろう　よくないだろう　　　よかっただろう　　よくなかっただろう

元気だろう　元気じゃないだろう　元気だっただろう　元気じゃなかっただろう

学生だろう　学生じゃないだろう　学生だっただろう　学生じゃなかっただろう

⇨ ｡ もうすぐ来るでしょう｡(이제 곧 오겠죠)

｡ 今はまだ高いでしょうから、もう少し後で買いましょう。

(지금은 아직 비쌀 거니까, 조금 더 있다가 삽니다)

｡ アリスさんの書いた論文は少し難しいでしょう。

(아리스씨가 쓴 논문은 좀 어렵지요)

｡ たしか、東京の人でしょう。(분명히 도쿄 사람이지요?)

「~だろう」와「~でしょう」에는 다른 용법도 있다.

① 동의를 구할 때에 사용한다. 상승 인토네이션으로 발음한다.

⇨ A ： もう行ってもいいでしょう。(이제 가도 되겠지요?)

　 B ： ええ、どうぞ。(네 가세요)

② 말하는 사람이 자기의 것을 자랑할 때에 사용한다. 하강 인토네이션으로 발음한다.

⇨ A ： この時計、いいでしょう。(이 시계 좋지요?)

　 B ： どうしたんですか。(어떻게 된 거에요?)

③ 말을 부드럽게 할 때에 사용한다.

⇨ A ： あの、山田さまでしょうか。(저, 야마다씨이십니까?)

　 B ： はい、山田ですが。(네, 야마다입니다만)

♣ 다음을 보기와 같이 「～と思います」 형으로 고치시오.

1. **【보기】** 買う　→ 買おうと思います

1) 書く　→　　　　　　　　2) 行く　→
3) 持つ　→　　　　　　　　4) 泳ぐ　→
5) 話す　→　　　　　　　　6) 待つ　→
7) 運ぶ　→　　　　　　　　8) 飲む　→
9) 売る　→　　　　　　　　10) 習う　→

2. **【보기】** 見る　→ みようと思います

1) 食べる　→　　　　　　　2) 居る　→
3) 借りる　→　　　　　　　4) 勤める　→
5) 決める　→

3. **【보기】** 来る　→ こようと思います
する　→ しようと思います

1) 連れてくる　→
2) 持ってくる　→
3) 注文する　→
4) 案内する　→

ちょうど一年たったところです。

학습요점

・先週会ったところです。

● 본문 ●

金 ： お父さんは何をしていますか。

相沢 ： 商社に勤めています。今は、大阪支社に勤めているんですが。

金 ： そうですか。じゃあ、お父さんは単身赴任ですか。

相沢 ： ええ、前は、父の転勤のたびに私たちも引っ越していたんですが、おととし千葉

[우메다시티의 공중정원(오사카)]

낱말풀이

o商社(しょうしゃ)　상사
o勤(つと)める　근무하다
o支社(ししゃ)　지사

o単身赴任(たんしんふにん)　단신부임
o転勤(てんきん)　전근
o千葉(ちば)　지바(지명)

のうちを建（た）てたので、父は単身赴任をすることになり
ました。

金　　：　お父さんとは、どのぐらい会っていますか。

相沢　：　先週（せんしゅう）会ったところです。僕は今、受験（じゅけん）勉強しているか
　　　　　ら、あまり会えないんですが。

金　　：　そうですか。いつごろ一緒に住（す）めるようになりますか。

相沢　：　まだわかりませんが、たぶん来年（らいねん）か再来年（さ）だと思いま
　　　　　す。

[TWIN 21 쇼핑센터(오사카)]

1.　A　：　日本では単身赴任をしなければならないサラリーマンが多いそうで
　　　　　　すが、本当ですか。

　　　B　：　そうですね。最近(さいきん)は日本国内だけじゃなくて、海外勤務(きんむ)のときで
　　　　　　も単身赴任をすることが多くなりました。

　　　A　：　日本のサラリーマンは大変ですね。

　　　B　：　ええ。わたしの同僚(どうりょう)も、先月北海道(せんげつほっかいどう)に転勤(てんきん)したところですが、家
　　　　　　族は子供の学校が終わる３月まで、東京にいるそうですよ。

2.　A　：　単身赴任をしてから、どのぐらいたちましたか。

　　　B　：　ちょうど、１年たったところです。

　　　A　：　いちばんつらいことは何ですか。

　　　B　：　やっぱり、家事(かじ)をやってくれる人がいないことです。だれもいな
　　　　　　い部屋に帰るのは寂(さび)しいものですよ。

3.　A　：　もう読んでいますか。

　　　B　：　いいえ、まだ読んでいません。今から読むところです。

4.　A　：　まだ読んでいますか。

　　　B　：　はい、まだ読んでいます。今、読んでいるところです。

5.　A　：　もう読みましたか。

　　　B　：　はい、もう読みました。たった今、読んだところです。

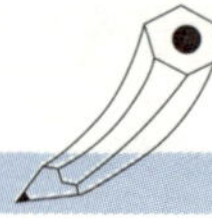

✽「ところ」의 용법

① 「ところ」는 장소를 뜻하나 절에 수식되면 시간을 나타내게 된다.

  a) [動詞의 辞書形＋ところ] ― 지금부터 무언가를 실행하려는 국면

    ⇒ ・今から出かける**ところ**です。

      (지금부터 나가려고 하던 참입니다)

  b) [動詞의 完了(過去)形＋ところ] ― 지금 동사가 완료된 상황

    ⇒ ・今勉強が終わった**ところ**です。

      (지금 공부가 막 끝났습니다)

  c) [動詞의 ている形＋ところ] ― 지금 행위가 계속되고 있는 상황

    ⇒ ・今お風呂に入っている**ところ**です。

      (지금 목욕하는 중입니다)

② 「節＋ところ」는 문장 요소의 하나로 사용되는 일이 있다.

  a) 대상

    ⇒ ・タバコをすうている**ところ**を外の人に見られました。

      (담배를 피고 있는 것을 남에게 들켰습니다)

    ・私達がよく勉強している**ところ**を見ていてください。

      (우리들이 열심히 공부하고 있는 것을 보고 있어 주세요)

  b) 상황

    ⇒ ・部屋に入った**ところ**に電話がかかってきました。

      (방으로 들어갔을 때 전화가 걸려왔습니다)

    ・みんなで話し合っている**ところ**にルインさんがやってきました。

      (모두 함께 이야기 나누고 있을 때 루인씨가 찾아왔습니다)

c) 시간

⇨ ・みんなが集まった**ところ**で乾杯をしましょう。

(모두 모였을 때 건배합시다)

・ゼミナーが終わった**ところ**でお茶の時間にしましょう。

(세미나가 끝났을 때 티 타임을 가집시다)

d) 정보의 출처

⇨ ・私が聞いた**ところ**では、明日は休講だということです。

(내가 들은 바로는, 내일은 휴강이라고 합니다)

・私が見た**ところ**では、2年でこわれるでしょう。

(내가 본 바로는, 2년 있으면 망가질 겁니다)

③「節+**ところ**」는 기능・능력의 정도를 나타내는 일이 있다.

a) A ： スペイン語を勉強したそうですね。

(스페인어를 공부하셨다고 들었어요)

B ： ええ。でも、ぺらぺら話せる**ところ**まではいきません。

(네, 그렇지만 아직 유창하지는 않습니다)

b) A ： ピアノ、上手になりましたね。

(피아노, 능숙해졌습니다)

B ： そうですか。でも、人の前でひく**ところ**まではいっていません。

(그렇습니까? 그렇지만 아직 사람들 앞에서 칠 정도는 아닙니다)

c) A ： コンピューターの勉強を始めたんですか。

(컴퓨터 공부를 시작했습니까?)

B ： ええ。はやく一人でプログラムが作れる**ところ**までいきたいですね。

(네, 빨리 혼자서 프로그램을 만들 수 있게 되었으면 좋겠어요)

✳ 「ところ」의 용례

⇨ 。汽車に乗る**ところ**はどこですか。

(기차를 타는 곳은 어디입니까?)

。女らしい**ところ**がありますね。(여자다운 데가 있군요)

。兄の**ところ**に泊まっている。

(형네 집에 묵고 있다)

。ここにお**ところ**とお名前を書いてください。

(여기에 주소와 이름을 써주십시오)

。あなたの悪い**ところ**はすぐ怒ることです。

(당신의 나쁜 점은 벌컥 화내는 것입니다)

。それが日本語のおもしろい**ところ**です。

(그것이 일본어의 재미있는 부분입니다)

。いい**ところ**へ来てくれました。

(좋은 때에 와주었습니다)

。新聞を読んでいる**ところ**です。

(신문을 읽고 있는 중입니다)

。今帰って来た**ところ**です。

(지금 막 돌아오는 길입니다)

。家の前を通る**ところ**です。

(집앞을 지나는 참입니다)

。聞く**ところ**によると、今度新しい日韓辞典がでるそうです。

(들은 바에 의하면 이번에 새로운 일한사전이 나온답니다)

。私が知っているのはたいていこんな**ところ**です。

(내가 알고 있는 것은 대개 이런 정도입니다)

✳ ～ところが(조사)

「동사의 연용형＋た＋ところが」의 꼴로 「～했는데, ～했더니」의 뜻이다.

⇨ ◦ 謝ったところが、だめでした。

　　(사과했지만, 소용없었습니다)

◦ 叱られると思ったところが、かえってほめられた。

　　(혼날 거라고 생각했는데, 오히려 칭찬받았습니다)

◦ 時間におくれたと思って急いで行ったところが……。

　　(늦었다고 생각하고 서둘러 갔는데…….)

✳ ～どころか(조사)

　형식명사 「ところ」＋부조사 「か」에서, 체언, 활용어의 종지형 등 여러 말에 붙는다.
우리말의 「～은 커녕, ～은 고사하고」에 해당된다.

⇨ ◦ 寒いどころか暑いくらいだ。

　　(춥기는 커녕 더운 정도다)

◦ 食事どころか、水さえ飲めない。

　　(식사는 커녕 물조차 못마신다)

◦ あの学生は英語どころか、国語もしらない。

　　(저 학생은 영어는 고사하고 국어도 모른다)

◦ 休むどころか、忙しくてたまりません。

　　(쉬기는 커녕 바빠 죽겠습니다)

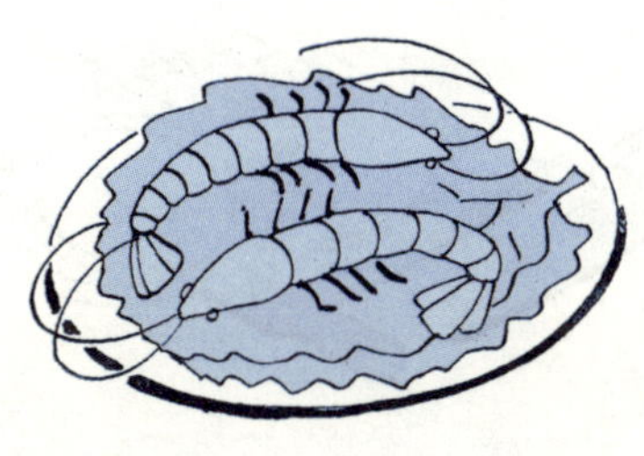

1. 다음 세 문장의 뜻의 차이를 말하시오.

   1) ご飯を食べるところです。

   2) ご飯を食べているところです。

   3) ご飯を食べたところです。

2. 다음을 보기와 같이 말해봅시다.

> 【보기】　お湯を沸かす
>
> 　　　　a）A　：　何をするところですか。
>
> 　　　　　B　：　今からお湯を沸かすところです。
>
> 　　　　b）A　：　何をしているところですか。
>
> 　　　　　B　：　今、お湯を沸かしているところです。
>
> 　　　　c）A　：　何をしたところですか。
>
> 　　　　　B　：　たった今、お湯を沸かしたところです。

   1) シャワーを浴びる

   2) 道具をしまう

   3) 荷物を積む

   4) 旅行の準備をする

どうも風邪を引いたらしいです。

学習요점

・日本は韓国より暑かったらしいです。

・こちらの冬は日本よりずっと寒かったようです。

・まだ止まないらしいです。

・毎日梅雨のようによく降りますね。

・天気予報によると、あしたも雨だそうです。

● 본문1 ●

A ： 去年の夏はほんとうに暑かったですね。韓国はどうでした
か。

B ： 韓国はそんなに暑くありませんでした。

A ： 日本はやはり韓国より暑かったらしいですね。

B ： そうかもしれません。でもそのかわりこちらの冬は日本よ
りずっと寒かったようです。大変な寒さでしたから。

A ： そうですか。日本は夏が暑かった代わりに冬はあんがい暖
かったようです。

낱말풀이

o やはり　역시
o そのかわり　그 대신
o ずっと　훨씬

o 寒(さむ)さ　추위
o あんがい　의외로

小林 ： 雨はまだ降っていますか。

青山 ： ええ、まだ止まないらしいです。みんな傘をさして歩
いています。

小林 ： 毎日梅雨のようによく降りますね。

青山 ： 天気予報によるとあしたも雨だそうです。

小林 ： ほんとうにいやですね。少し冷えてきませんか。

青山 ： そうですか。わたしは別に冷えてきたとも思いません
が、変ですね。熱でもあるのではないでしょうか。

낱말풀이

○ 止(や)む　그치다

○ 傘(かさ)をさす　우산을 쓰다

○ 梅雨(つゆ)　장마

○ 天気予報(てんきよほう)　일기예보

○ 冷(ひ)える　차가워지다, (날씨가) 쌀쌀해
지다

○ 別(べつ)に　별로

○ 変(へん)だ　이상하다

○ 熱(ねつ)　열

小林 ： ええ、どうも風邪を引いたらしいです。さっきから喉がいたくてたまりません。

青山 ： そうですか。それはいけませんね。きっと天候が不順だからですよ。それじゃ今日は早く帰っておやすみなさい。

小林 ： ありがとう。あなたはまだ帰りませんか。

青山 ： わたしはもうしばらく残っています。

小林 ： それじゃ、お先に。

青山 ： どうぞお大事に。

낱말풀이

○風邪（かぜ）を引（ひ）く　감기가 들다
○喉（のど）　목
○天候（てんこう）　날씨
○不順（ふじゅん）　고르지 못함
○しばらく　한참, 잠시
○大事（だいじ）に　소중히

1. A ： あれ、大変だ。エレベーターの非常ランプがついている。

   B ： どうしたのかしら。

   A ： 故障らしいですね。すぐ係の人を呼びましょう。

2. A ： どうしましたか。

   B ： 故障らしいんですが、エレベーターが止まっているんです。

   A ： そうですか。今、調べますから、ちょっと待っていてください。……
   どうも、モーターが壊れたらしいですね。すぐ直るとは思います
   が。

   B ： はい。なるべく早くお願いします。

3. A ： もうすぐ動くらしいですよ。

   B ： エレベーターの中にいる人は、暑いし大変でしょうから、早く出
   してあげたいですね。

   A ： そうですね。

   B ： あっ、動いた。

   A ： 直ったらしいですね。

   B ： ああ、よかった。よかった。

4. A ： となりの部屋に、だれかいるのかな。

   B ： さあ。

   A ： 声が聞こえないのかい。

   B ： ああ、だれかがいるらしいですね。

5. 今日は暖かくて春らしい天気です。

6. 天気予報によると、雨が降るそうです。

7. 新聞によると、ブラジルでは大きい地震があったそうです。

8. 柳原先生の手紙によると、フランスは食べ物がとてもおいしいそうです。

9. 小林さんの話によると、田中さんの赤ちゃんは男の子だそうです。

●문법 해설●

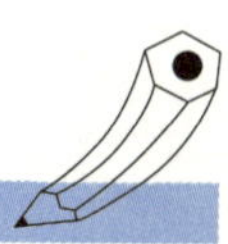

✽ 추량의 표현 「らしい」의 특징

●「らしい」의 용법

① 「らしい」는 말하는 사람이 듣거나 읽은 것을 근거로 한 추량을 나타낸다. 어떤 사항에 대해서 꽤 확신이 있는 객관적 근거에 기초한 말하는 사람의 판단을 나타낸다. 사실이라고는 판단할 수 없으나 여러가지 단서로부터 사실이라고 말할 수 있는 상황에 있는 것을 나타낸다.

⇨ ・山田さんは、今日は忙しい**らしい**です。

　　　(야마다씨는 오늘 바쁜 것 같습니다)

　・小さいみかんの方がおいしい**らしい**です。

　　　(조그마한 귤이 맛있는 것 같습니다)

　・今日は雨が降る**らしい**です。

　　　(오늘은 비가 올 것 같습니다)

◦ 傘をさしていないところを見ると、雨はもうやんだらしい。

(우산을 쓰고 있지 않은 것을 보니, 비는 이제 그친 것 같다)

◦ 彼の話によると、あそこの会社もかなり大変らしい。

(그의 얘기에 의하면 그쪽 회사도 꽤 힘든 것 같다)

◦ 今年は梅雨明けが遅いらしい。

(올해는 장마가 오래 갈 것 같다)

※ 주관적인 이야기가 아니라 일기예보 등의 근거에 의한 것을 암시한다.

② 단정을 피하기 위하여 사용한다.(단정적으로 말할 수 있으나 굳이 사용하는 일도 있다.)

⇒ ◦ 彼、会社を変わったらしいですね。この間 挨拶に来ていたそうですよ。

(그는 회사를 바꾼 것 같아요. 요전에 인사하러 왔다고 합니다)

◦ 雨、やみましたねえ。／うん、そうらしいね。

(비가 그쳤군요. ／ 응, 그런 것 같군요)

◦ 今年もだめだったらしいですよ。

(올해도 안됐다고 합니다)

③ 「らしい」는 또한 「전형적이다」라고 하는 의미가 있다. 즉, 「甲は乙らしい」라고 말할 때, 「甲은 乙의 전형이다」라고 하는 의미가 된다. 명사에 대해서, 「너무나도 그것에 어울리는 성질을 갖추고 있다」라는 것을 나타낸다.

⇒ ◦ ルインさんは男らしいです。(루인씨는 남자답습니다)

◦ ルインさんは男らしい人です。

(루인씨는 남자다운 사람입니다)

◦ ルインさんは男らしく、責任を取りました。

(루인씨는 남자답게 책임을 졌습니다)

◦ 大人みたいな口ばかりきいて、ちっとも子供**らしくない**。

　(어른 같은 말만 하고, 조금도 아이 같지 않다)

◦ あの人はとても**男らしい**人です。(저 사람은 매우 남자다운 사람입니다)

✳ 「～そうだ」「ようだ」「らしい」의 비교

　「～そうだ」라고 하는 것은 직관적인 추량으로 상당히 주관적이라 말할 수 있다.

　「ようだ」는 주관적인 추량이나 추리과정을 거치고 있는 점이 「～そうだ」와 다르다. 그렇기 때문에 「ようだ」를 사용한 추량에서는 말하는 사람은 책임이 크다고 말할 수 있다. 한편, 「らしい」는 TV라든가 잡지라든가의 외부로부터의 정보에 의한 추량이고, 그런 의미에서 객관적이다. 「らしい」를 사용한 추량은 그렇기 때문에 「ようだ」와 비교하면 책임이 적다고 말할 수 있다.

✳ 「らしい」와 「だろう」

① 주위의 상황을 보고(듣고, 느끼고) 추정(推定)을 내리는 용법(상황추정)

② 타인의 이야기, 정보가 근거가 되어 추정을 내리는 용법(전문추정)

　어느것도 근거(주위의 상황, 타인의 이야기, 정보)가 문중에 나타나는 일이 많다. 이에 대해 「だろう」는 특히 근거가 없어도 상관없다.

　⇨ ◦ 今夜は雪になる**だろう**。

　　　(오늘밤은 눈이 오겠지)

　　◦ 今夜は雪になる**らしい**。(상황, 전문)

　　　(오늘밤은 눈이 올 것 같다)

　　◦ これは田中さんの本**だろう**。

　　　(이것은 다나카씨의 책인 것 같다)

　　◦ これは田中さんの本**らしい**。(상황)

　　　(이것은 다나카씨의 책인 것 같다)

③ 또한 특히 근거가 없고, 극히 주관적, 직관적 인상인 경우는 「らしい」는 사용할 수
없다.

⇨ ・ぱらぱらめくってみた感じでは、おもしろいようだったので、買ってみた。

(훌훌 책장을 넘겨본 것으로는 재미있어 보였으므로 사봤다)

※ 「らしい」는 사용할 수 없다.

✽ ～によって(連語)

① ～에 의하여

⇨ ・先生の話によって私は勉強した。

(선생님 말씀에 의하여 나는 공부했다)

・人間は自然の恵みによって生きている。

(인간은 자연 혜택에 의하여 살고 있다)

② (よって는 접속사 격으로) 우리말의 「그러므로, 따라서」에 해당된다.

⇨ ・起立多数、よって本案は可決されました。

(기립다수, 따라서 본 안은 가결되었습니다)

✽ ～によると ～ 의하면

⇨ ・今朝のニュースによると、午後から雨だそうです。

(오늘 아침 뉴스에 의하면 오후부터 비라고 합니다)

・彼について知る所によると、彼はめったにわらわない人だそうです。

(그에 대해 아는 바에 의하면, 그는 좀처럼 웃지 않는 사람이라고 합니다)

♣ 「らしい」가 들어간 다음 문장을 우리말로 옮겨 봅시다.

1. ２階の部屋は静かになりましたね。

　　はい、もう子供達は寝たらしいです。

2. この自動販売機はお釣りが出ませんよ。

　　ちょっと待ってください。故障しているらしいです。

3. 飛行機はなぜ飛ばなかったんですか。

　　台風で飛ばなかったらしいです。

4. 東京は雨ですが、九州はどうでしょうかね。
　　日本晴で、暖かいらしいですよ。

5. 中村さんは今日も一日中忙しいですか。

　　いいえ、午前中はあまり忙しくないらしいです。

6. 京都や奈良は、古いお寺がたくさんあって日本らしい町です。

7. こんな失敗をするなんて、小林さんらしくありませんね。

8. この絵は本物の鳥らしくかけています。

寒くなるとますます朝は起きられなくなります。

・5時半ごろになるともう真っ暗になりますね。
・この辺は雨が降ると道が悪くなります。
・昼の長さが一年中で一番短くなります。
・歩いていくと何分ぐらいかかりますか。

● 본문 ●

留学生　：　このごろはずいぶん日が短くなりましたね。

日本人　：　そうですね。五時半ごろになるともう真っ暗になり

　　　　　　ますね。

留学生　：　夏のごろは7時近くまでテニスができたのにこのごろ

　　　　　　は5時になるとボールがよく見えなくなります。

日本人　：　夜が明けるのも遅くなりましたね。

留学生　：　そうですか。わたしは朝寝坊だから、目が覚めた時

　　　　　　にはもう明るくなっています。

낱말풀이

○ **ずいぶん**　꽤, 상당히
○ **真(ま)っ暗(くら)**　캄캄함
○ **ボール**　볼
○ **夜(よ)が明(あ)ける**　날이 새다, 밝아지다

○ **朝寝坊(あさねぼう)**　아침 늦잠을 잠, 아침 늦잠꾸러기
○ **目(め)が覚(さ)める**　눈을 뜨다, 잠에서 깨다

日本人　　：　毎朝何時ごろ起きますか。

留学生　　：　大体七時半ごろです。

日本人　　：　そう。わたしも朝は早く起きられません。寒くなる

　　　　　　　とますます朝は起きられなくなります。これからだ

　　　　　　　んだん寒くなりますね。日が暮れるのもますます早

　　　　　　　くなって、十二月二十二日、三日ごろには昼の長さ

　　　　　　　が一年中でいちばん短くなります。

o 起(お)きる　일어나다　　　　　o 早(はや)い　빠르다

o ますます　점점　　　　　　　　o 長(なが)さ　길이

o 暮(く)れる　(날이) 저물다, (해가) 지다　　o 一年中(いちねんじゅう)　일년중

1. この辺は雨が降ると道が悪くなります。

   あなたのうちの近くも雨が降ると道が悪くなりますか。

   わたしのうちの近くは、雨が降っても道が悪くなりません。

2. この辺は夜になると大変寂しくなります。

   あなたのうちの近くも夜になると寂しくなりますか。

   わたしのうちの近くは夜になっても寂しくなりません。

   十時ごろまでにぎやかです。

3. このバスは何時ごろまでありますか。

   このバスは九時ごろまであります。

   電車も九時になるとなくなりますか。

   電車は九時になってもなくなりません。11時ごろまであります。

4. あなたのうちまで歩いていくと、何分ぐらいかかりますか。

   歩いていくと十五分ぐらいかかります。

   バスでいくとどのぐらいかかりますか。

   バスでいくと五分ぐらいでいけます。

5. もっと近いところはありませんか。

   あることはありますが、家賃が少し高くなると思いますよ。

6. まだ10時なのに、もう寝てしまうんですか。

はい。早く寝ないと、明日の朝5時半に起きられませんから。

7. 締切（しめきり）まであと2日しかありませんよ。

じゃあ、少し急がないと、間に合（ま あ）いませんね。

8. 紅葉（こうよう）もそろそろ終わりですね。

はい。これから寒くなるのかと思うと、いやですね。

9. 砂糖（さ とう）を3杯も入れたら甘（あま）すぎませんか。

いや、私はコーヒーは甘くないと飲めないんですよ。

10. あなたはいろいろなスポーツができるんですね。

はい。始めてみると、何でもおもしろいですよ。

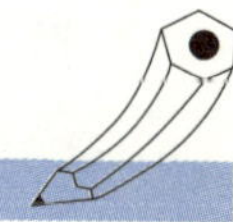

●문법 해설●

✳ 가정(仮定)의 표현 「と」의 특징

> と ── 行くと・行かないと　　水だと・水でないと
> 　　　　安いと・安くないと　　静かだと・静かでないと

●Aと、B

① A일 때는 반드시 B.(자연현상, 진리, 습관 등)

⇒ ・春になると、花が咲きます。(봄이 되면, 꽃이 핍니다)

　・お腹（なか）がいっぱいだと、眠くなります。(배가 부르면 졸립니다)

。水の中だと、体が軽くなります。(물속에서는 몸이 가벼워집니다)

。暑いと、汗が出ます。(더우면 땀이 납니다)

② 만약 A이면 자연히 B.(B=희망, 의지, 명령, 권유의 표현이 아닐 때)

⇨ 。漢字が読めないと、困ります。(한자를 읽지 못하면 곤란합니다)

。日本の円をウォンにすると、いくらですか。

(일본 엔을 원으로 하면 얼마입니까?)

。子供に無理に勉強させると、勉強嫌いになります。

(아이에게 무리하게 공부시키면, 공부를 싫어하게 됩니다)

③ A일 때 B를 한다. A를 하고 바로 B를 한다.

⇨ 。朝起きるとシャワーを浴びます。(아침에 일어나면 샤워를 합니다)

。山田さんは部屋に入ると窓を開けました。

(야마다씨는 방으로 들어가자 창문을 열었습니다)

。部屋にいると外で車の止まる音がしました。

(방에 있으니 밖에서 차를 세우는 소리가 났습니다)

대체 가능 — A와 B의 주어가 같을 때에는 「て」

A와 B의 주어가 다를 때에는 「たら」

④ A = 이유·계기

⇨ 。窓を開けると冷たい風が入ってきました。

(창문을 여니 찬바람이 들어왔습니다)

。先生に注意されると、学生はカンニングをやめました。

(선생님에게 주의를 듣자, 학생은 커닝을 그만두었습니다)

。警官に道を聞くと、親切に教えてくれました。

(경관에게 길을 물으니 친절히 가르쳐 주었습니다)

대체 가능 — たら

⑤ B = 발견(B = 상태를 나타내는 표현의 과거형)

「たら」와 같은 의외성은 없다.

⇨ 。デパートへ行くと、定休日でした。

（백화점에 갔더니 정기휴일이었습니다）

。駅に着くと、電車はもう出たあとでした。

（역에 도착하니, 전차는 이미 떠난 뒤였습니다）

。日本へ行くと、 おいしいキムチは食べられません。

（일본에 가면, 맛있는 김치는 못 먹습니다）

✴ 「～中」의 읽는 법

① ちゅう

⇨ 。중(안) : 血液中、十中八九、例外中の例外

。마침 지금 ～하고 있다 : 休業中、冷房中、食事中、工事中

。기간 : 日中、期間中、近日中、一両日中、午前中

② じゅう(＝ぢゅう)

⇨ 。그 범위 안에 포함되는 것 모두 : 世界中、学校中、ソウル中

。기간(죽 계속해서) : 一年中、一日中、一年中、一晩中、今日中

《참고》　日中(にっちゅう・ひなか)

夜中(よなか・やちゅう)

年中(ねんじゅう・ねんちゅう) ⇒ 年中行事

町中(まちなか・まちじゅう)

市中(しちゅう＝はんかがい・しじゅう＝全部) ⇒ ソウル市中が

心中(しんちゅう＝心の中・しんじゅう＝自殺、かけおち)

♣ 다음 A와 B에서 서로 맞는 말을 골라 「と」로 연결하시오.

A	B
1. 雨に濡れたままでいる	◦ 映画が始まってしまいます。
2. 早く行かない	◦ 手が出ません。
3. このそでは、もう少し短くない	◦ よく勉強できない。
4. 計算が苦手だ	◦ 風邪を引きます。
5. 周りが静かじゃない	◦ 先生にほめられます。
6. 成績がいい	◦ 買物のとき困ります。

夜でなければ勉強ができないのです。

학습요점

・あなたは**毎晩遅く**まで**起きている**ようですね。
・朝早く出かけなければならないときは遅くまで寝ていたり、昼寝をしたりすることはできないでしょう。

● 본문 ●

上田　：　あなたは毎晩遅くまで起きているようですね。徹夜を
　　　　　することもありますか。

千葉　：　いいえ、三時ごろまで起きていることはありますが、徹
　　　　　夜をすることはありません。

上田　：　ゆうべもずいぶん遅くまで起きていたようですね。

千葉　：　ああ、昨夜は電灯を消し忘れて、寝てしまったのです。
　　　　　そんなに遅くまでは起きていませんでした。

上田　：　そうですか。あまり遅くまで起きている日が続くと、睡
　　　　　眠不足になりませんか。

낱말풀이

○徹夜（てつや）　철야, 밤을 세움
○昨夜（さくや）　어젯밤
○電灯（でんとう）　전등

○消（け）し忘（わす）れる　끄는 것을 잊다
○続（つづ）く　계속되다
○睡眠不足（すいみんぶそく）　수면부족

千葉　：　いいえ、そうでもありません。遅く寝る代わりに朝は
　　　　　ゆっくりしていますし、午後から昼寝をすることもあり
　　　　　ますから。

上田　：　しかし、朝早く出かけなければならないときは遅くまで
　　　　　寝ていたり、昼寝をしたりすることはできないでしょ
　　　　　う。

千葉　：　はい、そういう時は前の晩早く寝ます。

上田　：　とにかく、あまり不規則な生活はよくありませんね。

千葉　：　はい、でも、長い間の習慣で夜でなければ勉強ができ
　　　　　ないのです。

上田　：　わたしも学生の時代はよく夜ふかしをしましたが、サラ
　　　　　リーマンになってからはそういうことはありません。寝
　　　　　不足で会社へいくと、机に向かったままつい居眠りをし
　　　　　たりしてしまいます。

千葉　：　早く寝る方が健康のためにいいですね。わたしもなるべ
　　　　　く早く寝る習慣をつけましょう。

1. A : 趣味というものはだれかが無理に勧めるからって出来るものではありません。ですから大抵趣味を聞けばその人の生活もわかるような気がします。それに趣味は生活を豊かにさせるものとしてとても大切なものだと思います。

   B : そうですね。年を取っていくにつれ趣味はかかせないものになりますね。老後、趣味が生き甲斐になるかもしれませんからね。

2. A : まだきれいなようですが、建ってから何年になりますか。

   B : 1年ちょっとです。

   A : 日当たりはどうですか。

   B : 南向きですからいいと思いますよ。押し入れが少し狭いようですがなかなかいいです。

   A : いつまでに決めなければなりませんか。

   B : できるだけ早く、お願いします。

   A : じゃあ、今日中にご連絡します。

3. A : 空いていれば、そこの喫茶店に入りませんか。

   B : ええ、たぶん空いているでしょう。

4. A : 金さん、あなたは万年筆を買いますか。

   B : 私は買いたいです。

   A : 値段が高くても買いますか。

   B : 値段が高くても品物さえよければ買います。

A　：　いくら高くても買いますか。

B　：　あまり高ければ買いません。

5. 金さん、あなたは万年筆を買いますか、買いませんか。

鄭さんが買えば私も買います。

鄭さんが買わなければあなたは買いませんか。

鄭さんが買わなければ私も買いません。

李さんが買っても、鄭さんが買わなければあなたは買いませんか。

李さんが買っても鄭さんが買わなければ私は買いません。

6. 箱根は有名な観光地です。

箱根には山もあるし、湖もあります。

天気がよければ富士山もよく見えて、大変景色がいいところです。

東京から近いし、温泉もたくさんあるので、休みの日には遊びにいく人
　が多いです。

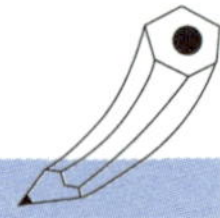

●문법 해설●

❋ 가정의 표현 「ば」의 특징

> ば ── 行けば・行かなければ
>
> 　　　安ければ・安くなければ
>
> 　　　静かであれば・静かでなければ

● Aば、B

① A일 때는 반드시 B.(B = 과거형이 아닐 때)

⇨　◦ どんな人でもほめられればうれしい。

　　　(어떤 사람이라도 칭찬받으면 기쁘다)

　　◦ 苦^くあれば楽^{らく}あり。

　　　(고생이 있으면 낙도 있다)

　　◦ 終わりよければすべてよし。(끝이 좋으면 모든 게 좋다)

　　• 대체 가능 ― と

② B를 하기 위해서는 A가 필요.

　(B = 말하는 사람의 희망 「〜たい」, 의지 「よう」, 추량 「〜だろう」 등, 판단의 표현이 온다.)

⇨　◦ 高くなければ買おう。

　　　(비싸지 않으면 사자)

　　◦ 自立しなければ、大人ではないと思います。

　　　(자립 못하면, 어른이 아니라고 생각합니다)

　　◦ 切符が買えれば、行きたいです。

　　　(표를 살 수 있다면 가고 싶습니다)

　　◦ 傘を持って来ればよかったなあ。

　　　(우산을 가지고 왔으면 좋았을 텐데)

　　◦ 子供の服は、丈夫であればそれで充分です。

　　　(아이들 옷은 튼튼하면 그것으로 족합니다)

「〜さえ〜ば」의 꼴로 오직 하나만으로 충분하다는 조건, 즉 「〜만 〜면」의 뜻이 된다. 「さえ」가 용언에 이어질 때에는 연용형에 연결된다.

⇨　◦ 勉強さえすれば試験は問題ありません。

　　　(공부만 한다면 시험은 문제없습니다)

◦ 傷さえなければどれでも結構です。

　(흠만 없다면 어느것이라도 좋습니다)

◦ この本さえあれば英語は問題ありません。

　(이 책만 있으면 영어는 문제없습니다)

◦ 金さえあれば私も行きます。

　(돈만 있으면 나도 갑니다)

◦ これさえあれば、外には何も要りません。

　(이것만 있으면, 그외에는 아무것도 필요없습니다)

◦ この機械に百円だまを入れさえすれば、動きだします。

　(이 기계에 백 엔짜리 동전을 넣기만 하면, 움직이기 시작합니다)

◦ 工夫さえすれば、上手になります。

　(궁리만 한다면 능숙해집니다)

◦ 大きくさえなければ、どれでもいいです。

　(크지만 않으면 어느것이라도 좋습니다)

◦ 元気でさえあれば、いつかまた会えるでしょう。

　(건강만 하다면, 언젠가 또 만날 수 있겠지요)

「～ば～ほど」의 꼴로 우리말의 「～하면 ～할수록」에 해당한다.

⇨　◦ 食えば食うほど食いたい。

　　(먹으면 먹을수록 먹고 싶다)

◦ すればするほどしたい。(하면 할수록 하고 싶다)

◦ 行けば行くほど遠い。(가면 갈수록 멀다)

◦ 多ければ多いほど。(많으면 많을수록)

◦ 寝れば寝るほど眠たい。(자면 잘수록 자고 싶다)

1. 다음 문장의 괄호 안에 들어갈 말을 보기에서 골라 알맞은 형태로 고치시오.

【보기】　行く　立つ　申し込む　取れる　わかる　なる　反対する　見る

⇨　３月に(なれば)暖かくなります。

1) 秋葉原に(　　　)電気製品が安く買えます。

2) 椅子の上に(　　　)戸棚のいちばん上の物が取れます。

3) 目を(　　　)本当のことを言っているかどうかわかります。

4) 今テニスクラブに(　　　)軽井沢のホテルの招待券がもらえます。

5) ９月に運転免許が(　　　)10月から車で通勤できます。

6) 使い方が(　　　)説明書をよく読んでください。

7) 両親が(　　　)アメリカに行くのをやめます。

2. 다음 활용형을 익힙시다.

飲む	飲めば	飲まない	飲まなければ
食べる	食べれば	食べない	食べなければ
来る	来れば	来ない	来なければ
する	すれば	しない	しなければ
高い	高ければ	高くない	高くなければ

もし開いていたら、
風邪薬を買ってきてください。

・日本の子供は何才になったら学校へ行き始めるんですか。
・きっと役に立つと思います。
・田中さんから電話がかかって来たら、後でこちらからかけると言ってください。
・たぶんやっていると思います。
・でも休みだったら、本屋の隣の店でかまいません。

● 본문1 ●

マイケル： 日本の子供は何才になったら学校へ行き始めるんですか。

横山　： 6才からです。義務教育と言って、小学校に6年間、中学校に3年間通わなければなりません。そして中学校を卒業したほとんどが高等学校に行きます。

マイケル： 高校を卒業したらどうするんですか。

○義務教育（ぎむきょういく）　의무교육
○小学校（しょうがっこう）　소학교, 초등학교
○中学校（ちゅうがっこう）　중학교
○通（かよ）う　다니다
○卒業（そつぎょう）　졸업
○高等学校（こうとうがっこう）　고등학교

横山　　　：　すぐ就職する人もいるし、大学で勉強する人もいま

　　　　　　　すよ。大学には４年制のほかに２年制の短期大学や、

　　　　　　　専修学校というのもあります。

マイケル：　その専修学校って何ですか。

横山　　　：　中学校を卒業した人から、社会人、主婦まで、年齢

　　　　　　　や学歴に関係なく勉強することができる学校です。

　　　　　　　その中にはコンピューターやデザインなど、専門的

　　　　　　　なことだけを勉強する専門学校というのもありま

す。たとえば、アナウンサーになりたい人がいたら、
発音の練習や声の出し方や、ニュースの読み方など
を勉強したりします。

マイケル　：　そうですか。僕もコンピューターを専門的に勉強し
てみたいと思っているんですが。

横山　　　：　それなら少し調べてみたらどうかしら。きっと役に
立つと思いますよ。

マイケル　：　はい、そうしてみます。

横山　　　：　若いんだから、いろいろ挑戦してみるのがいいこと
ですよ。がんばりなさいね。

● 본문2 ●

大森　　　：　駅前の本屋まで行ってきますが、田中さんから電話
がかかって来たら、後でこちらからかけると言って
ください。

낱말풀이

○ アナウンサー　아나운서
○ 発音(はつおん)　발음
○ 練習(れんしゅう)　연습
○ 声(こえ)の出(だ)し方(かた)　발성법
○ ニュース　뉴스

○ 調(しら)べる　조사하다, 검토하다, 연구하다
○ 役(やく)に立(た)つ　도움이 되다
○ 挑戦(ちょうせん)　도전
○ 本屋(ほんや)　책방

小山　：　はい、行っていらっしゃい。

大森　：　何か買ってくるものはありませんか。

小山　：　そうですね。今日は日曜日ですね。薬屋は休みでしょ
　　　　　うか。

大森　：　多分やっていると思いますよ。

小山　：　じゃ、もし開いていたら風邪薬を買ってきてください。

大森　：　本屋の、隣の薬屋でもいいですか。

小山　：　スーパーの前にも一軒ありますね。あそこの薬屋の方が
　　　　　安いですよ。でも休みだったら、本屋の隣の店でかま
　　　　　いません。

大森　：　そうですか。風邪薬ですね。

小山　：　ええ、そうです。お願いします。

大森　：　はい、じゃ行って来ます。

o 薬屋（くすりや）　약방
o 風邪薬（かぜぐすり）　감기약
o スーパー　슈퍼마켓

o 一軒（いっけん）　집 한 채, 한 집, 한 가
　구

1. A ： すぐ帰りますか。時間があったら、この辺でお茶でも飲んで帰り
     ませんか。ちょっと相談したいことがありますから。

   B ： どんなことですか。

   A ： 山中さんの家に赤ちゃんが生まれたのです。それで何かお祝いを
     あげたいと思うのです。

   B ： そうですか。ちっとも知りませんでした。いつですか。

   A ： 先週の月曜日です。男の子ですよ。

   B ： それじゃ、さっそく何をあげるか相談^{そうだん}しましょう。

2. A ： 韓国に帰るとき、家族に何かお土産^{み やげ}を買っていきたいんですが、何
     を買ったらいいでしょうか。

   B ： 日本らしい物がいいでしょうね。

   A ： ええ、その方が喜^{よろこ}ぶと思います。

   B ： 日本人形や手ぬぐいなどはどうですか。

   A ： どこで探^{さが}したらいいんでしょうか。あまりよく知らないんですが。

   B ： それだったら、いいお店を知っていますから、今度一緒に行って
     あげますよ。

   A ： はい、ぜひお願いします。

3. A ： わあ、おもしろそうな物がたくさんありますね。どれもよさそう
     だから、こんなにあったら迷いますね。

   B ： そうですね。女の子にあげるんだったら、おり紙^{がみ}で作った人形や
     くしはどうですか。

A ： はい、妹にはお人形にします。両親には何がいいでしょうか。

B ： そうですね。扇子<ruby>扇子<rt>せんす</rt></ruby>はどうですか。そのガラスの戸棚<ruby>戸棚<rt>とだな</rt></ruby>に並べてあり

ますよ。きれいなのがあったら見せてもらいましょうか。

A ： ええ。安かったら、私も欲しいんですが。

4. A ： ずいぶんたくさん買うんですね。

B ： はい、友達にもあげたいので。

A ： 重<ruby>重<rt>おも</rt></ruby>そうですね。配達<ruby>配達<rt>はいたつ</rt></ruby>してもらったらどうですか。

B ： はい、そうします。

5. A ： これはこの間上田さんが読みたいと言っていた本ですか。

B ： そうです。おもしろい本ですよ。

A ： 上田さんが読み終わったら、私にも貸してください。

B ： ええ、どうぞ。

6. A ： 金さん、あなたはどうしますか。

B ： 私はだれかが買ったら、それを貸してもらいます。そして、もし

書きよかったら、私も買おうと思います。

7. A ： 僕、来年から韓国語を習おうと思うんですが、何かいい教科書を

知っていますか。読んだり書いたりできるようになりたいんです

が。

B ： じゃあ、今度金さんに会ったときに相談しましょう。来週の火曜

日ごろになると思いますが、それでもいいですか。

A ： はい、ぜひお願いします。

8.　A　：　金さん、いつごろ韓国に帰りますか。

　　B　：　日本の会社で５年ぐらい働いてから、帰ろうと思います。

　　A　：　今、日本でどんな仕事をしていますか。

　　B　：　コンピューターのプログラマーです。

　　A　：　そうですか。じゃあ、韓国に帰ってからは。

　　B　：　今の仕事を続けようと思っています。それから、韓国の学生に日本語を教えたいとも思います。

　　A　：　がんばってくださいね。

　　B　：　はい、ありがとうございます。

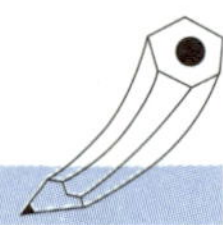

●문법 해설●

✻ 가정의 표현 「たら」의 특징

行ったら	水だったら	安かったら	静かだったら
行かなかったら	水でなかったら	安くなかったら	静かでなかったら

●Aたら、 B

① 「만일 A」가 되었을 때의 기분으로 B를 말한다. (B＝말하는 사람의 희망 「〜たい」, 의지 「〜よう」, 명령 「〜なさい」, 추량 「〜だろう」 등 판단의 표현이 온다.)

　⇒　・明日晴れ**たら**、ジョギングをしよう。

　　　（내일 날씨가 맑다면 조깅을 합시다）

　　　・荷物が重かっ**たら**、持ってあげますよ。

　　　（짐이 무겁다면 들어드리지요）

。お金がたくさんあっ**たら**、旅行に行きたい。

(돈이 많이 있다면 여행가고 싶다)

★ 위의 문장은 「ば」와 「たら」를 대체해서 사용할 수 있다.

。子供は9時になっ**たら**寝なさい!

(어린아이는 9시가 되면 자요!)

② A＝이유・계기 (B＝과거형)

⇨ 。薬を飲ん**だら**、風邪が治りました。

(약을 먹었더니, 감기가 나았습니다)

。プレゼントをあげ**たら**、彼は大変喜びました。

(선물을 드렸더니, 그는 매우 기뻐했습니다)

。洗っ**たら**、きれいになりました。(씻었더니 깨끗해졌습니다)

★ 위의 문장은 「と」와 「たら」를 대체해서 사용할 수 있다.

③ 「A일 때」・「A 다음에」

⇨ 。父が帰って来**たら**、相談します。

(아버지가 돌아오시면 상의할 겁니다)

。日本に着い**たら**、手紙を書きます。

(일본에 도착하면 편지를 쓰겠습니다)

。15分ぐらい待っ**たら**、バスが来ました。

(15분 정도 기다렸더니 버스가 왔습니다)

④ B＝발견 (B＝말하는 사람의 의지와는 무관한 사실・과거형)

⇨ 。海へ泳ぎに行っ**たら**、波が高くて泳げなかった。

(바다에 수영하러 갔더니, 파도가 높아서 수영할 수 없었다)

◦ 食べてみ**たら**、思ったよりおいしかったです。

　(먹어보았더니 생각한 것보다 맛있었습니다)

◦ 友達の家へ行っ**たら**、留守でした。

　(친구 집에 갔더니, 집에 없었습니다)

◦ あの人はいい人だと思ってい**たら**、大変な嘘つきでした。

　(저 사람은 좋은 사람이라고 생각했더니, 대단한 거짓말쟁이였습니다)

✱ 「**する**」와 「**やる**」

「やる」는 「する」의 속어라고 하는 설도 있으나, 전부 바꿔 말할 수 있는 것은 아니다.
제각기 고유의 용법을 제외하면 바꿔 말할 수 있는 것은 다음과 같다.

① 일반적인 행위 표현

⇨ ◦ するだけのことは**した**[**やった**]。

　(할 만큼은 했다)

◦ 人が**する**[**やる**]のを見て**する**[**やる**]のは<ruby>簡単<rt>かんたん</rt></ruby>だ。

　(다른 사람이 하는 것을 보고 하는 것은 간단하다)

◦ 担当者の**した**[**やった**]ことで、私は関係ありません。

　(담당자가 한 것으로, 나는 관계없습니다)

② 체언+**する**

勉強する	テニスする	洗濯する	選択する	注意する	心配をする	仲人をする
勉強やる	テニスやる	洗濯やる				仲人をやる

• 「～をする」 앞에, 정신활동을 나타내는 말과 같이 추상도가 높은 명사가 올 때는 「やる」는 사용할 수 없다.

• サ変동사로서 결합이 강할 때는 「やる」는 사용할 수 없다.

⇨　選択する(「を」が 없다)

・구체적인 행동을 나타내는 경우에는 「やる」로 바꿔 말할 수 있다.

③ こ・そ・あ・ど+する

⇨　・こうして[やって]待っていても仕方がない。電話してみよう。

　　(이런 식으로 기다리고 있어도 도리가 없다. 전화해 보자)

・その通りしよう[やろう]。(그대로 하자)

・ああして[やって]生きていく。(그렇게 해서 살아간다)

・どうしたら[やったら]お金がもうかるかな。

　　(어떻게 하면 돈이 벌릴까)

★ 위의 문장은 「する」를 「やる」로 바꿔 말할 수 있다.

④ 그외 「する」에 대응하지 않는 「やる」

⇨　・一杯やる。(한잔하다) ← 음식

・寝込みをやられる。(깊은 잠을 깨우다) ← 피해

・薬屋をやっている。(약방을 하고 있다) ← 장사

・団成社で今やっている。(단성사에서 지금 하고 있다) ← 상영

・24時間やっている。(24시간 하고 있다) ← 영업

・少ない金額でやっていく。(적은 금액으로 생활하다) ← 생계

● **가능형**　　する → できる
　　　　　　　　やる → やれる

⇨　つまらないことをする[やる]。(쓸데없는 일을 하다)

⇨つまらないことはできない[やれない]。(시시한 일은 할 수 없다)

♣ 다음 두 문장을 보기와 같이 「たら」를 사용하여 연결하시오.

> 【보기】　昨日、国立近代美術館へ行きました。中村さんに会いました。
>
> → 昨日、国立近代美術館へ行っ**たら**、中村さんに会いました。

1)　4日前に買った和菓子を食べました。固くなっていました。

2)　母にもらった浴衣を着ました。そでもたけも短かったです。

3)　部屋を掃除しました。なくしたと思っていたボタンが見つかりました。

4)　薬を飲みます。熱が下がります。

5)　家から駅まで歩きます。15分かかります。

6)　雨がやみません。今日は買い物に行きません。

7)　窓を開けました。富士山が見えました。

8)　デパートへ行きました。セールをしていました。

9)　家に着きました。電話が鳴っていました。

[신칸센]

今度の旅行が一泊旅行ならいいですが。

·それだけそろっている人を見つけるのは、なかなか大変ね。

·土曜日なら午後は授業がありませんから、1時から暇ですよ。

·いいですよ。料理なら何でも作れますから。

·今週は会えるかどうかわかりませんが、来週なら必ず会えると思います。

● 본문1 ●

森 ： 来週の初めに旅行があるのを知っていますか。

金 ： ああ、箱根旅行ですね。昨日小林さんに聞きました。あなたは行きますか。

森 ： ええ、行くつもりです。あなたは。

金 ： あなたが行けば私も行こうと思っていました。

森 ： じゃあ、行きましょうよ。安さんも参加すると言っていましたよ。

金 ： そうですか。朴さんも行きますか。

낱말풀이

○ **旅行**（りょこう）　여행　　　　　　○ **参加**（さんか）　참가
○ **つもり**　속셈

森　　　　：　さあ、知りません。

金　　　　：　みんなで行ければ楽しいですね。しかし今度の旅行
　　　　　　　が一泊旅行ならいいですが、日帰りの旅行ではゆっ
　　　　　　　くり見物ができないでしょう。

森　　　　：　特急に乗れば一時間ぐらいしかかからないし、あち
　　　　　　　らへ行ってからはバスで回るから、大丈夫ですよ。

金　　　　：　そうですか。天気がよければ富士山がきれいでしょ
　　　　　　　うね。

森　　　　：　ええ、天気がよければ、東京の町中を出ると、もう
　　　　　　　電車の窓からもよく見えますよ。

● 본문2 ●

金夫人　　：　日本人は大学卒業したら、すぐ結婚してしまうんで
　　　　　　　すってね。

鎌野　　　：　ううん、そんなことないよ。でも、結婚適齢期とい
　　　　　　　うのがあってね。

金夫人　　　：　何。ケッコンテキレイキって。

鎌野　　　　：　女の人なら25才ぐらいまでに、男の人なら30才ぐら

　　　　　　　　いまでに、結婚するのが一般的なんだ、日本では。

　　　　　　　　だから、この年になったら、まだ結婚しないのかっ

　　　　　　　　てうるさいんだ。

金夫人　　　：　それで。

鎌野　　　　：　俺今、29だろう。だから見合いの話が多くてね。親

　　　　　　　　は見合い写真見て、この人にしたら、なんて勝手に

　　　　　　　　決めてしまうし。

金夫人　　　：　それで、見合いしないで全部断わってしまうの、あ

　　　　　　　　なたは。

鎌野　　　　：　まあな。できたら恋愛結婚したいんだ。おれ、ロマ

　　　　　　　　ンチストでね。自分で探したいんだよ、自分のお嫁

　　　　　　　　さんは。

金夫人　　　：　どんな人が理想の女性なの。

鎌野　　　：　まず日本的でやさしい人。料理の上手な人。それか
　　　　　　　ら美人で、会話がおもしろくて、一緒にいて楽しい
　　　　　　　人、社交的な人だな。

金夫人　　：　そう。それだけそろっている人を見つけるのは、な
　　　　　　　かなか大変ね。でも、結婚が決まったら紹介してね。
　　　　　　　あなたのお嫁さんに、ぜひ会ってみたいわ。

○やさしい　상냥하다, 쉽다
○美人(びじん)　미인
○おもしろい　재미있다
○社交的(しゃこうてき)　사교적

○見(み)つける　찾다, 발견하다
○なかなか　좀처럼, 꽤
○決(き)まる　결정되다, 정해지다
○紹介(しょうかい)　소개
○ぜひ　꼭, 제발

1. A ： 今週、新入生の歓迎パーティーを開きたいんですが、よろしかったら先生にもぜひ来ていただきたいと思って。

   B ： あら、パーティーならぜひ行きたいですね。

   A ： 水曜日と土曜日と、どちらの方が都合がよろしいですか。

   B ： 水曜日は3時から会議があるので、ちょっと。それから夜も約束がありますから。

   A ： そうですか。土曜日はいかがですか。

   B ： 土曜日なら午後は授業がありませんから、1時から暇ですよ。

   A ： わかりました。じゃあ、土曜日の午後にしたいと思いますので、よろしくお願いします。

2. A ： 先生、パーティーの話はもう聞きましたか。

   B ： ええ、さっき聞きましたよ。土曜日でしょう。

   A ： はい。いい天気なら外で食事をするそうです。

   B ： いいですね。

   A ： それで、女の人は何かひとつ、その国の料理を作って持っていくんですけど、先生も作ってきてくださいますか。

   B ： いいですよ。料理なら何でも作れますから。

   A ： はい、わかりました。

3. A ： 近いうちに上田さんに会いますか。

   B ： あさって研究会がありますから、たぶんその時に会えるだろうと思います。

A ： それじゃこの本を渡してください。

B ： はい、しかし上田さんが来なかったらどうしましょう。

A ： 急がないから、会った時でかまいません。

B ： そうですか。承知（しょうち）しました。今週は会えるかどうかわかりませんが、来週なら必ず会えると思います。

A ： じゃ、お願いします。

4. A ： 金さん、あなたは万年筆を買いますか。

B ： 値段が安ければ買いたいと思っています。

A ： 値段が高ければ買いませんか。

B ： 高ければ買いません。

A ： いくらなら買いますか。

B ： 千円なら買います。

A ： 千円以上ならどうしますか。

B ： 千円以上なら買うのを止めます。

5. 今日は一日中ワープロを打（う）っていたから、目が疲れました。

疲れたなら、少し休んだ方がいいですよ。

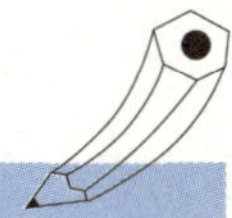

✳ 가정의 표현 「なら」의 특징

行く**なら**	行かない**なら**	行った**なら**	行かなかった(の)**なら**
水**なら**	水でない(の)**なら**	水だった**なら**	水でなかった(の)**なら**
安い**なら**	安くない**なら**	安かった**なら**	安くなかった(の)**なら**
静か**なら**	静かでない**なら**	静かだった(の)**なら**	静かでなかった(の)**なら**

●Aなら、 B

① 만일 A

⇨ 。そのアパート、駅に近くて安い**なら**ぜひ借りたいですね。

  (그 아파트는 역에 가까워서 싸다면 꼭 빌리고 싶어요)

 。要らない**なら**、返してください。(필요없다면 돌려주세요)

 。生まれ変われる**なら**、男になりたい。

  (다시 태어난다면 남자가 되고 싶다)

 ★ 위의 문장은 「なら」와 「ば」를 대체해서 사용할 수 있다.

 。郵便局へ行く**なら**、切手を買って来てください。

  (우체국에 간다면, 우표를 사와 주세요)

② A가 발생할 것이라든지 또는 발생하고 있는 사실을 말하는 사람이 인지하고 그것

 에 대해서 의견 B를 말하다.

⇨ 。京都へ行く**なら**、新幹線が便利ですよ。

  (교토에 가는 거라면 신칸센이 편리해요)

 。本を読む**なら**、電気をつけなさい。

  (책을 읽는다면 전기를 켜세요)

﹘ ご飯を食べ終わったの**なら**、勉強しなさい。

(밥을 다 먹었으면 공부하세요)

③ **A = 명사** (화제 제시)

⇨ ﹘ それ**なら**、もう済みました。(그거라면 벌써 끝냈어요)

﹘ お寿司**なら**、あの店がおいしいです。(생선초밥이라면 저 가게가 맛있어요)

﹘ ひらがな**なら**読めます。(히라가나라면 읽을 수 있어요)

﹘ 先生**なら**、あそこにいます。(선생님이라면 저기에 있습니다)

✳ **「だけ」의 용법**

「だけ」는 명사, ～な형용사, ～う형용사, 동사의 뒤에 나타나, 다음과 같이 사용한다.

図書館 図書館で 静かな 暇だった 高い おいしくない 話す 話した	**だけ**

① 「だけ」는 사항을 한정할 때에 사용한다.

⇨ ﹘ 昨日は漢字**だけ**勉強しました。(어제는 한자만 공부했습니다))

﹘ ルインさんと**だけ**話しました。(루인씨하고만 얘기했습니다)

﹘ ここ**だけ**の話ですが、アリスさん、結婚するそうですよ。

(여기서만의 얘기입니다만, 아리스씨, 결혼한다고 합니다)

◦ あのレストランは高い**だけ**で、全然おいしくありません。

(저 레스토랑은 비싸기만 하고, 전혀 맛있지 않습니다)

◦ 1分遅れた**だけ**で、こんなに叱られるなんて……。← 화제 제시

(1분 늦었다고 해서 이렇게 꾸중을 듣다니……)

② 「だけ」는 「사항·신분에 상응한다」라고 하는 의미로 사용한다.

⇒ ◦ この芝居（しばい）は高い**だけ**のことはあります。

(이 연극은 비싼 만큼의 가치는 있습니다)

◦ ルインさんは若い**だけ**のことはあって、遅くまでがんばります。

(루인씨는 젊은 만큼 늦게까지 분발합니다)

◦ あの人は学者**だけ**あって、何でもよく知っています。

(저 사람은 학자인 만큼, 무엇이라도 잘 압니다)

③ 「だけ」는 정도를 나타낸다. 지시사에 수식되는 일이 있다.

⇒ ◦ たくさんありますから、好きな**だけ**飲んでください。

(많이 있으니까 좋아하는 만큼 드세요)

◦ できる**だけ**長い間ここにいてください。

(가능한한 오랫동안 여기에 있어 주세요)

◦ 食べられる**だけ**のお金がもらえれば、それで十分です。

(먹을 수 있을 정도의 돈만 받을 수 있다면 그것으로 충분합니다)

◦ これ**だけ**勉強したのに、まだわからないんです。

(이 정도로 공부했는데 아직도 모릅니다)

✱ 접속사 「そして」「それから」「それに」「それで」

① 「そして」는 같은 하나의 화제 안의 사항에 또 하나의 사항을 나열하거나 첨가할 때에 사용한다.

⇨ ・公園に行きました。**そして**友達に会いました。

(공원에 갔습니다. 그리고 친구를 만났습니다)

⇨ A ： 何かありましたか。(무슨 일 있었습니까?)

　 B ： 中村さんから電話がありました。**そして**その後で加藤さんがいらっしゃい

　　　　ました。(나카무라씨로부터 전화가 왔습니다. 그리고 그 다음 가토씨가

　　　　오셨습니다)

② 「**それから**」는 어떤 하나의 사항이 끝나고 다음 사항이 일어나는 경우나 다른 사항
을 첨가해 갈 때에 사용한다.

⇨ ・3時ごろ図書館に行きました。**それから**5時ごろ食堂でご飯を食べました。

(3시경에 도서관에 갔습니다. 그리고 나서 5시경에 식당에서 밥을 먹었습니다)

⇨ A ： 先月の23日夜八時ごろ何をしていましたか。

(지난달 23일 저녁 8시경 무엇을 하고 있었습니까?)

　 B ： ええと、23日ですか。あの日は、仕事を終えて、家へ帰ったのが、ええと、

　　　　7時ごろでした。**それから**すぐ風呂にはいりました。風呂から出て、いつ

　　　　ものようにビールを飲んで……ああ、友達から電話がありました。それが

　　　　8時ごろだったと思います。10分ほど話して、**それから**外へ出ました。(저

　　　　어, 23일입니까? 그날은 일을 끝내고 집으로 돌아왔으나, 저어, 7시경이었

　　　　습니다. 그리고 나서 곧 목욕을 했습니다. 목욕탕에서 나와서 언제나와 같

　　　　이 맥주를 마시고…… 아, 친구한테 전화가 왔습니다. 그것이 8시경이었

　　　　을 겁니다. 10분 정도 이야기하고, 그리고 나서 바깥으로 나왔습니다)

★ 「それから」는 사항[일]을 하나씩 생각해나갈 때 사용한다.

⇨ A ： 学生の時は何を勉強しましたか。

(학생 때는 무엇을 공부했습니까?)

B ： 経済学と数学、ええと、**それから**ドイツ語なんかです。

(경제학과 수학, 저어, 그리고 독일어 등입니다)

⇨ A ： 今日は誰がいらっしゃいますか。(오늘은 누가 오셨습니까?)

B ： 村山さん、岡田さん、和田さん、**それから**平田さんです。

(무라야마씨, 오카다씨, 와타씨, 그리고 히라타씨입니다)

③「**それに**」는 앞에 서술한 사항에 또 하나의 사항을 첨가할 때에 사용한다.

⇨ ◦ 今使っている辞書は小さすぎて役に立たない。**それに**古くなったので、新しいのを買った。(지금 사용하고 있는 사전은 너무 작아 도움이 안된다. 게다가 오래되었으므로 새것을 샀다)

◦ 土曜日に工場見学に行くことになりました。**それに**会議もあるので、テストは来週になります。(토요일에 공장 견학을 가기로 했습니다. 그리고 회의도 있으므로 테스트는 다음주가 됩니다)

④「**それで**」는 이야기를 하고 있는 사람에게 그 이야기를 계속하도록 재촉할 때에 사용한다. 이때는 상승 어조로 발음한다.

⇨ A ： 昨日ルインさんが来てね、一緒に明洞に行ったんだ。

(어제 루인씨가 와서 함께 명동에 갔었어)

B ： へえ、**それで**。(저런, 그래서)

A ： うん、喫茶店で5時間も話をしたよ。

(응, 다방에서 5시간이나 얘기를 했어)

⇨ A ： あした研究室に行きたいんですが。(내일 연구실에 가고 싶습니다만)

B ： うん、**それで**。(응, 그래서)

A ： **それで**授業を休んでもいいでしょうか。(그래서 수업을 쉬어도 좋을까요?)

♣ 다음 질문에 보기의 B와 같이 대답하시오.

【보기】　A　：　うなぎもおすしも食べられますか。

　　　　　B　：　いいえ、うなぎは食べられませんが、おすしなら食
　　　　　　　　べられます。

1)　文楽も歌舞伎も見たことがありますか。

2)　裁縫も編み物もできますか。

3)　壁にポスターもカレンダーもはってありますか。

4)　あなたは住所も名前も漢字で書けますか。

5)　あなたは中国語も英語も話せますか。

[가부키]

조건의 표현 「ば・たら・と・なら」종합

1 활용형

- **ば** : 동사의 종류에 관계없이, ―う를 떼고 ―えば를 붙인다. 형용사는 ―い를 떼고 ければ를 붙인다.
- **たら** : タ形에 「ら」를 붙인다.
- **と** : 기본형에 「と」를 붙인다.
- **なら** : 기본형에 「なら」를 붙인다.

	ば	たら	と	なら
行く	いけば	いったら	いくと	いくなら
行かない	いかなければ	いかなかったら	いかないと	いかないなら
見る	みれば	みたら	みると	みるなら
来る	くれば	きたら	くると	くるなら
する	すれば	したら	すると	するなら
赤い	あかければ	あかかったら	あかいと	あかいなら
赤くない	あかくなければ	あかくなかったら	あかくないと	あかくないなら
静かだ	しずかならば	しずかだったら	しずかだと	しずかなら(ば)
学生だ	学生ならば	学生だったら	学生だと	学生なら(ば)

2 전형적·기본적 용법

① ば

　무언가 질문받았을 때 조건(장래 일어날 수 있는 경우)이 2개가 있어서 지금 단계에서는 어느쪽으로 할지 아직 정해지지 않았을 때.

⇨ A ： 今度の日曜日、何するつもりですか。

(이번 일요일, 무엇을 할 생각입니까?)

B ： 雨が降れば、家でビデオを見たり雑誌を読んだりするつもりです
が、雨が降らなければ、友達とハイキングに行くつもりです。

(비가 오면 집에서 비디오를 보거나 잡지를 읽거나 할 생각입니
다만, 비가 오지 않으면 친구와 하이킹하러 갈 생각입니다)

② **たら**

「Aたら、B」의 형으로、「将来、A가 끝났을 때, A를 행하였을 때, A인 줄 알
았을 때」에「B와 같이 하다」

⇨ A ： 新聞を読み終わっ**たら**、私にも見せてください。

(신문을 다 보았으면 나에게도 보여주세요)

B ： はい。(네)

A ： ボーリングに行かない？ (볼링하러 가지 않을래?)

B ： いいけど、ボーリング場が一杯だっ**たら**どうする？

(좋은데, 볼링장이 만원이라면 어떻게 할 건데?)

③ **と**

A일 때는 언제나 B가 되다. 1회만의 일일 때에도「반드시 그와 같이 되다」
라고 정해져 있는 일을 말하는 경우.

⇨ ◦ 日本では梅雨にはいる**と**、いつもじめじめしてかびの生えやすい季節
になります。

(일본에서는 장마철에 들면, 언제나 눅눅해서 곰팡이가 생기기 쉬운 계
절이 됩니다)

∘ 私はおなかがすく**と**何もできなくなります。

(나는 배가 고프면 아무일도 못합니다)

④ **なら**

　확정된 혹은 확정되고 있는 조건을 토대로, 자기의 행위나 생각을 말하는 경우.

⇨　A　：　土曜日のパーティーに行きますか。

　　　　　　(토요일 파티에 갈 겁니까?)

　　　B　：　いいえ、行きません。Xさんはどうしますか。

　　　　　　(아니오, 안 갑니다. X씨는 어떻게 할 것입니까?)

　　　A　：　あなたが行かない**なら**、私も行きません。

　　　　　　(당신이 가지 않는다면, 나도 안 갑니다)

⇨　A　：　授業後、山田さんと飲みに行くことになってるんだ。

　　　　　　(수업 후, 야마다씨하고 마시러 가기로 했어)

　　　B　：　山田さんに会う**なら**、悪いけど、これ山田さんに渡しといてくれる？

　　　　　　　　　　　　　　　　　　　　　　　　　　(=しておいて)

　　　　　　(야마다씨 만나거든, 미안하지만 이것 전해주겠어?)

⑤ **ば**와 **たら**

⇨　∘ 大学に合格すれ**ば**、大学に行きますが、合格しなければ、留学するつもりです。(대학에 합격하면 대학에 갑니다만, 합격하지 않으면 유학 갈 생각입니다)

　　∘ お金をあまり持っていないので、安かっ**たら**行きます。

　　　(돈을 그다지 갖고 있지 않으므로, 싸면 갈 것입니다)

。授業が終わっ**たら**、お茶飲みに行きませんか。

(수업이 끝나면, 차 마시러 가지 않겠습니까?)

- **ば** : 그 일이 일어날지 안 일어날지 모르나…… 하는 뉘앙스를 포함한다.
- **たら** : 그 일이 일어났을 때만을 생각하고 있으므로 직접적이고 확실하다.

⑥ **ば**와 **なら**

⇒ A ： パソコン買いたいんですが。(PC를 사고 싶습니다만)

B ： パソコン買う**なら**、いい店を教えてあげますよ。

(컴퓨터를 산다면 좋은 상점을 알려드릴께요)

- **ば** : 조건이 두 가지 있어 확정되어 있지 않을 때.
- **なら** : 조건이 하나로 이미 확정되어 있을 때.

⑦ **たら**와 **なら**

⇒ 。韓国へ行っ**たら**、キムチを買ってきてください。

(한국에 가면, 김치를 사오세요)

。韓国へ行く**なら**、フェリーが安いですよ。

(한국에 가는 거라면, 훼리가 쌉니다)

- **たら** : 후반은 전반보다 나중의 일.
- **なら** : 후반은 전반보다 앞의 일.

。韓国へ行く**なら**、キムチを買ってきてください。

(한국에 간다면, 김치를 사오세요)

- **なら** : 후반은 전반보다 먼저 일. 후반은 전반보다 나중의 일. 양쪽 다 있을 수 있다.(상대방이 말한 것을 받아서 그것을 조건으로 함)

日本の小説を読んだことがありますか。

・まだ読んでいません。

・すればするほど難しくなります。

・神戸（こうべ）へ行ったことがありますか。

・食事の後で、夜景がいちばんきれいに見える所まで案内してあげますよ。

● 본문 ●

A ： 『氷点（ひょうてん）』という日本の小説を読んだことがありますか。

B ： まだ読んでいません。どういう本ですか。

A ： それは三浦綾子（みうらあやこ）という女流作家（じょりゅうさっか）の書いた小説です。

B ： 面白いですか。

A ： 『氷点』という小説はわが国（くに）でも人気（にんき）を呼（よ）んだ本です。

B ： その本はどこで求（もと）めることができますか。

A ： 町の本屋で買えると思います。

B ： 外にまたどういう本が読んで役に立つでしょうか。

o 氷点（ひょうてん）　빙점　　　　　o 女流作家（じょりゅうさっか）　여류작가

o 小説（しょうせつ）　소설　　　　　o わが国（くに）　우리나라

o 三浦綾子（みうらあやこ）　미우라 아야코　　o 人気（にんき）を呼（よ）ぶ　인기를 끌다

　（작가）　　　　　　　　　　　　o 求（もと）める　구하다

A ： そうですね。小説では川端康成の『雪国』などを読むのもい

　　　いと思います。

B ： 『雪国』という本なら東洋人としては二番目にノーベル

　　　文学賞を受けたものですね。

A ： 私も韓国での翻訳本は前に読んだことがあります。でも原

　　　書ではまだ読んでいませんので、私もひとつ読んでみるこ

　　　とにしています。

B ： 日本語はやさしいといいますけれども、いざ勉強してみる

　　　とやはりすればするほど難しくなりますね。

A ： そうです。どこの外国語でも生やさしいものはありませ

　　　ん。ひとつの外国語を身につけるということは、並大抵

　　　の努力ではできないと思います。

B ： このごろ日本の本代はいくらくらいですか。

A ： 円の強くて為替レートもだいぶ高くなりました。今では、

　　　八倍にまで跳ね上がりました。

B ： そうですか。日本の本を買うのも大変ですね。

문 형 연 습

1. A ： 神戸へ行ったことがありますか。

   B ： はい、一度だけですが。

   A ： どんな所ですか。

   B ： そうですね。横浜のように港のある町です。外国のような雰囲気ですよ。

   A ： 中村さんの話によると、六甲山から見た景色がとてもきれいだそうですが。

   B ： ええ。香港、函館に次いで夜景がきれいで有名な所ですよ。夜は町が宝石のように見えて、とてもロマンチックになるんですよ。

   A ： そうですか。来週谷川さんと神戸へ行きますから、六甲山に上って、そのきれいな夜景を見てきます。

2. A ： 金さん、神戸は初めてだそうですね。

   B ： はい、京都や大阪へは仕事で何度も行ったことがあるんですが、神戸へは一度も来たことがなかったんです。

   A ： そうですか。じゃあ、食事の後で、夜景がいちばんきれいに見える所まで案内してあげますよ。

   B ： それはそれは。どうもありがとうございます。

3. A ： 外国へ行ったことがありますか。

   B ： はい。アメリカへもイギリスへも、何度も行ったことがあります。

   A ： 中国へは。

   B ： 中国へはまだです。今度一緒に行きませんか。

4. A ： 日本のスポーツは何ができますか。

   B ： 剣道が少しできますが、あまり強くありません。

   A ： 柔道や相撲などを見に行ったことはありませんか。

   B ： はい、一度もありません。でも、テレビでよく見ます。

5. A ： あなたのうちの近くに、車を止めることができますか。

   B ： ええ、うちの横に大きい駐車場がありますから。

6. （地図を見ながら）

   A ： 金さんは秋葉原へ行ったことがありますか。

   B ： ありますよ。そこは電気製品が安いところですね。東京タワーは
        どこにありますか。

   A ： ここですよ。金さんは行ったことがありますか。

   B ： いいえ、まだです。

   A ： じゃあ、今度一緒に行きましょう。

7. A ： もう歌舞伎を見ましたか。

   B ： いいえ、まだ見たことがありません。でも、ぜひ見てみたいと思っ
        ているんですが。歌舞伎というのはいつごろ始まったんですか。

   A ： 日本の江戸時代です。1600年頃でしょうね。

8. A ： 日本では、小学校に入る前に平仮名を習いますか。

   B ： いいえ、習いません。でも、たいていの子供は、絵本やテレビを
        見て覚えています。私はやさしい漢字も覚えました。

9. A ： 台風が来る前に何を準備しなければなりませんか。

　 B ： ラジオとか懐中電灯とかです。来る前は、2、3日雨が降りますが、

　　　　台風が行った後は、いつもいい天気になります。

10. A ： 結婚する前に、日本の女の人はどんなことを習いますか。

　 B ： 料理の作り方や生け花やお茶などを習います。それに、買い物も

　　　　たくさんしなければなりません。

11. A ： 私はいつも食事の後で歯を磨きますが、あなたは。

　 B ： 僕は、朝、食事の後と、夜寝る前に磨きます。

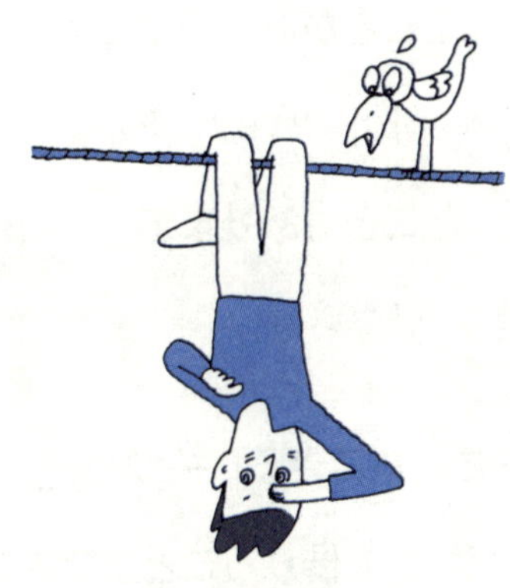

✻「こと」의 용법

① **[未完了(現在形)＋ことがある]** ― 현재의 행위·상태의 빈도

⇨　。ときどきわからない**こと**がありますが、まあ大丈夫です。

　　　（가끔 모르는 것도 있습니다만, 뭐 괜찮습니다）

　　。新聞はよく読みますか。そうですね。読む**こと**もありますが、あまり……。

　　　（신문은 자주 읽습니까? 글쎄요. 읽을 때도 있습니다만, 그다지……）

　　。行きたいと思う**こと**もありますが、行かなくても、まあ……。

　　　（가고 싶다는 생각도 있습니다만, 가지 않아도, 뭐……）

② **[完了＋ことがある]** ― 과거의 경험

⇨　。日本とアメリカの関係について前に考えた**ことがあります**。

　　　（일본과 미국의 관계에 대해서 전에 생각한 적이 있습니다）

　　。アリスさんは野球をした**ことがある**そうです。

　　　（아리스씨는 야구를 한 적이 있다고 합니다）

　　。わからなくて大変だった**こと**もあります。

　　　（몰라서 난처했던 적도 있습니다）

③ **[동사의 사전형(辞書形)＋ことができる]** ― 가능문

⇨　。この本棚にある本はだれでも借りる**ことができます**。

　　　（이 책장에 있는 책은 누구라도 빌릴 수 있습니다）

　　。本田さんはピアノを弾く**ことができます**。

　　　（혼다씨는 피아노를 칠 수 있습니다）

　　。あしたは忙しくて伺う**ことができません**。

　　　（내일은 바빠서 찾아뵐 수가 없습니다）

。この魚は食べることができません。

　　(이 고기는 먹을 수 없습니다)

④ [동사의 사전형(辭書形)＋ことはない] ― 충고라고 하는 문맥 속에서 「必要」를 나타낸다.

⇨ 。そんなに急ぐことはありません。

　　(그렇게 서두를 필요는 없습니다)

。気にすることはありません。

　　(마음에 둘 필요는 없습니다)

。そんなに考えることはありませんよ。すぐやってみたらどうですか。

　　(그렇게 생각할 필요는 없어요. 당장 해보면 어떨까요?)

⑤ [동사의 未完了形＋ことにする] ― 결정

　[동사의 未完了形＋ことになる] ― 결정의 보고

⇨ 。よく考えて、結局行くことにしました。

　　(잘 생각하여, 결국 가기로 했습니다)

。体に悪いからタバコは吸わないことにしました。

　　(몸에 나쁘기 때문에 담배는 피지 않기로 했습니다)

。来春結婚することになりました。

　　(내년 봄에 결혼하게 되었습니다)

⑥ [동사의 完了形＋ことにする] ― 비실현을 실현으로 판정하는 사용법.

⇨ 。〈실제로는 전화하지 않았으나〉電話したことにしておいてください。

　　(전화한 것으로 해주세요)

。〈사실은 들었으나〉聞かなかったことにしておきましょう。

　　(안 들은 것으로 해둡시다)

♣ 다음 질문에 대답해 봅시다.

1. あなたは洋酒を飲んだことがありますか。

2. 日本の映画を見たことがありますか。

3. 学校に遅刻したことがありますか。

4. 外国へ行ったことがありますか。

5. あなたの家の近くに、車を止めることができますか。

6. 着物を一人で着ることができますか。

7. 日本語で歌うことができますか。

8. 筆で手紙を書くことができますか。

9. あなたはまだ学生ですか。

10. もう会社員になりましたか。

雨が降りそうですから、
傘を持って行ったほうがいいですよ。

- 雨が降るそうですから、傘を持って行った方がいいですよ。
- 朝晩は冷えますからセーターでも一枚持って行った方がいいですね。
- お医者さんに見せた方がいいですね。

● 본문1 ●

母は空（そら）を見て、「雨が降りそうですから、傘（かさ）を持って行った方がいいですよ。」と、いいました。

姉はラジオを聞いて、「雨が降るそうですから、傘を持って行った方がいいですよ。」と、いいました。

母も傘を持って行った方がいいと言ったし、姉も傘を持って行った方がいいといいました。

私は傘を持って、レインコートを着て、家を出ました。空は曇っていて、雨が降ってきそうです。途中（とちゅう）で雨が降りだしました。私

낱말풀이

○ 空（そら）　하늘
○ 傘（かさ）　우산, 양산
○ ラジオ　라디오
○ 途中（とちゅう）　도중

は傘を持ってきてよかったと思いました。

　学校から帰るときも雨がひどく降っていました。ゆうがたになりましたが、雨は止みそうもありません。夜ラジオを聞きました。ラジオによると、あしたの昼ごろまで降り続くそうです。あしたの午後から雨が止むそうです。

● 본문2 ●

A　：　今度の日曜日にどこかへ花見でも行きませんか。

B　：　いいですね。ちょうど今が花盛（はなざか）りですし、田舎（いなか）へ行って自然（しぜん）を楽しむのもいいと思います。

A　：　その日、お天気がよければいいですがね。

B　：　天気予報によりますと今週の週末（しゅうまつ）は晴だそうですよ。

A　：　そうですか。天気予報が当（あ）たればいいのですが。

B　：　でも念（ねん）のために折り畳（お）（たたみ）の傘を持って行きましょう。

A　：　そうですね。それに朝晩は冷（ひ）えますからセーターでも一枚持って行った方がいいですね。

B　：　土曜日の晩、天気予報を見れば予想ができますから忘れな

　　　　いで天気予報を見ることにした方がいいですね。

A　：　忘れませんよ。久しぶりの郊外ですから。

B　：　もし雨が降ったらどうしましょうか。

A　：　それでも行くことにしましょう。せっかくですから。

B　：　そうですね。そうしましょう。

[시로야마 공원의 수국]

o 予想（よそう）　예상　　　　　　o 久（ひさ）しぶり　오래간만
o 忘（わす）れる　잊다, 망각하다　　o 郊外（こうがい）　교외

1. A ： まあ、ひどい怪我ですね。病院に行きましたか。

   B ： いいえ、まだです。

   A ： お医者さんに見せた方がいいですよ。

2. 薬を飲まなくてもいいですか。

   いいえ、薬を飲んだ方がいいですよ。

3. この牛乳を飲んでもいいですか。

   いいえ、この古い牛乳は飲まない方がいいですよ。

4. 今から明日の試験の勉強をします。

   勉強をするなら、テレビを消した方がいいですよ。

5. 12時までに大阪に行きたいんですが。

   急ぐなら、飛行機で行った方がいいですよ。

6. 履歴書の書き方がわかりません。

   わからないなら、先生に聞いた方がいいですよ。

7. ずっと話ししていたから、喉が乾きました。

   喉が乾いたなら、何か飲んだ方がいいですよ。

8. 熱が下がったら、急におなかがすいてきました。

　おなかがすいたなら、何か食べた方がいいですよ。

9. A ： とにかく、あまり不規則な生活はよくありませんね。

　 B ： そうですね。早く寝る方が健康のためにいいですね。私もなるべ

　　　 く早く寝る習慣をつけましょう。

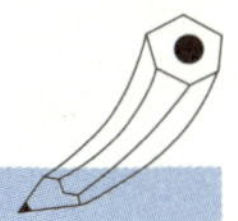

●문법 해설●

❋ ~た方がいいです「~하는 편이 좋다」

　습관적으로 「~た方がいいです」를 많이 사용한다.

　이때 「~た」는 과거형이 아니라 미래 완료형이라고 할 수 있다. 「~た方がいいです」

가 과거형이 아니기 때문에 부정은 현재 부정으로 「~ない方がいいです」이다.

　　~た方がいいです → 주관적, 경험적, 특정한 인물, 구체적 사건

　　~る方がいいです → 객관적, 선택적, 일반적인 사실

⇨ 　。パーティー服としては背広（せびろ）の**方がいいです。**

　　　（파티복으로서는 신사복이 좋습니다）

　　。アパートは交通がもっと便利な**方がいいです。**

　　　（아파트는 교통이 더욱 편리한 쪽이 좋습니다）

　　。子供用だから、もっと小さい**方がいいです。**

　　　（아이들용이니까 좀더 작은 편이 좋습니다）

　　。若いときにもっと勉強した**方がいいです。**

　　　（젊었을 때 더 공부하는 편이 좋습니다）

　　。山に登（のぼ）るときは正装（せいそう）でない**方がいいです。**

　　　（산에 오를 때는 정장이 아닌 편이 좋습니다）

~なければならない   ~したほうがいい

~しなくてもいい   ~してはいけない

~ないほうがいい

⇨ A ： これはどういうマークですか。

(이건 무슨 표지입니까?)

B ： Uターン**してはいけない**というマークです。

(유턴해서는 안된다는 표지입니다)

A ： えっ、Uターン**してもいい**でしょう。

(어, 유턴해도 되지요?)

B ： いいえ、Uターン**してはいけません**。

(아니오, 유턴해서는 안됩니다)

⇨ A ： じゃ、これは。

(그럼, 이것은?)

B ： 自転車が入っては**いけない**というマークです。

(자전거가 들어와서는 안된다는 표지입니다)

A ： じゃ、歩いている人はどうですか。

(그럼, 걷고 있는 사람은 어쩌지요?)

B ： 入って**もいい**んです。

(들어와도 좋습니다)

A ： 自転車の人はどうしましょう。

(자전거를 탄 사람은 어쩌지요?)

B ： ほかの道をいか**なければいけません**。

(다른 길을 가야만 합니다)

⇨ A ： このマークはどうですか。

　　　　（이 표지는 어떤 거지요?）

　B ： 止まりなさいというマークです。

　　　　（멈추라는 표지입니다）

　A ： 止まら**なくてもいい**ですね。

　　　　（멈추지 않아도 되지요?）

　B ： いいえ、止まら**なければいけません**。

　　　　（아니오, 멈춰야만 합니다）

　A ： ゆっくり行っ**てもいい**でしょう。

　　　　（천천히 가도 되지요?）

　B ： いいえ、止まら**なければいけないん**です。

　　　　（아니오, 멈춰야 합니다）

　A ： ほかの車が来ないときは、行っ**てもいい**でしょう。

　　　　（다른 차가 오지 않을 때는 가도 되지요?）

　B ： いいえ、ほかの車が来なくても行っ**てはいけません**。

　　　　（아니오, 다른 차가 오지 않을 때도 가서는 안됩니다）

⇨ A ： これはどうですか。止まら**なくてはいけません**か。

　　　　（이건 어떤 거지요? 멈추지 않으면 안되나요?）

　B ： いいえ、止まら**なくてもいいん**です。

　　　　（아니오, 멈추지 않아도 됩니다）

　A ： じゃ、止まっ**てもいいん**ですか。

　　　　（그럼, 멈춰도 된다는 겁니까?）

　B ： いいえ、止まら**ないほうがいいん**です。ゆっくり行か**なければいけません**。

　　　　（아니오, 멈추지 않는 편이 좋습니다. 천천히 가야만 합니다）

♣ 다음 우리말을 일본어로 옮기시오.

1. 비가 올 것 같으므로 우산을 가지고 가는 편이 좋아요.

2. 야채를 많이 먹는 편이 좋아요.

3. 빨리 자는 편이 좋아요.

4. 매일 예습과 복습을 하는 편이 좋아요.

5. 그다지 멀리로는 가지 않는 편이 좋아요.

6. 아파트는 역에서부터 가까운 편이 좋아요.

7. 짐이 많다면, 택시를 부르는 편이 좋아요. (〜なら　タクシーを呼ぶ)

分譲マンションを買うことにしました。

학습요점

・建築法であまり高い住宅用のビルを建ててはいけないことになっているんですよ。

・定年になるまでずっとローンを支払っていかなければならないって訳ですか。

● 본문1 ●

金　　：東京で家を建てることは難しいでしょうね。

山本　：はい、最近は土地の値段が上がってしまって、家はもちろんですが、マンションやアパートの家賃もとても高くなっています。

金　　：東京は物価も高いですが、銀座の土地の値段は1坪1億円以上ですから、世界でいちばん高いんじゃありませんか。

山本　：その通りです。土地が不足していることが大きな問題

낱말풀이

○ **建(た)てる**　세우다, 짓다
○ **最近(さいきん)**　최근
○ **値段(ねだん)**　가격
○ **上(あ)がる**　오르다
○ **もちろん(勿論)**　물론

○ **マンション**　맨션
○ **家賃(やちん)**　집세
○ **物価(ぶっか)**　물가
○ **一坪(ひとつぼ)**　한 평
○ **土地(とち)**　토지

ですが、それ以上に日本は地震（じしん）の多い国ですから、建

築法（ちくほう）であまり高い住宅用（じゅうたくよう）のビルを建ててはいけないこ

とになっているんですよ。

● 본문2 ●

金　　：　山本さんは家を建てるつもりですか。

山本　：　いいえ、マイホームを持ちたいとは思いますが、とて
　　　　　も無理（むり）なので分譲（ぶんじょう）マンションを買うことにしました。

金　　：　分譲（ぶんじょう）マンションって何ですか。

山本　：　マンションの一部屋（ひとへや）を買ってしまうんですよ。

金　　：　それはそんなに高くないんですか。

山本　：　いやいや、そんなことはありません。サラリーマンの
　　　　　僕にとっては、　やはり高い買い物です。　東京では、
　　　　　ちょっとしたマンションが何千万円もしますからね。
　　　　　安月給（やすげっきゅう）のサラリーマンは、20年から30年先まで月々ロー
　　　　　ンを支払うことになりますよ。

○ 地震（じしん）　지진
○ 建築法（けんちくほう）　건축법
○ 住宅用（じゅうたくよう）　주택용
○ 無理（むり）　무리
○ 分譲（ぶんじょう）マンション　분양 맨션
○ 一部屋（ひとへや）　방 한 칸
○ サラリーマン　셀러리맨
○ 安月給（やすげっきゅう）　적은 월급

金　　：30年先だったら、定年になるまでずっとローンを支払っ

　　　　ていかなければならないって訳ですか。

山本　：そうです。だから、“ローン地獄”という言葉があるぐ

　　　　らいです。

[도쿄의 긴자 거리]

○定年（ていねん）　정년　　　　　○支払（しはら）う　지불하다, 갚다

○ローン　론, 대부금　　　　　　　○地獄（じごく）　지옥

1. 日本の大学に留学する話はどうしましたか。

   今年の四月から東京の大学に行くことにしました。

2. 卒業論文は何について書くか決めましたか。

   はい。日本の戦後の経済（けいざい）について書くことにしました。

3. 今年のゴールデンウィークの予定をたてましたか。

   はい。久しぶりに国に帰って家族と過ごすことにしました。

4. この間買ったステレオとビデオの支払は分割ですか。

   いいえ、ボーナスが入ったときに、一括で支払うことにしました。

5. スキーの道具を全部持って行きますか。

   いいえ。靴（くつ）と板（いた）は持っていないので、スキー場で借りることにしました。

6. 虫歯（むしば）は全部治（なお）りましたか。

   はい。全部治りました。今度は親知（おや）らずを抜くことになりました。

7. 今日、李さんはお休みですか。

   はい。交通事故を起こしてしまったので、しばらく会社を休むことになりました。

8. 習字の先生は見つかりましたか。

   はい。来週上田さんに、先生を紹介してもらうことになりました。

9. 朴さんが来月で会社をやめてしまうそうですね。

   はい。私が代わって朴さんの仕事をすることになりましたので、よろし

   くお願いします。

10. お父さんの体の調子はいかがですか。

   あまりよくないので、今度、検査のために入院することになりました。

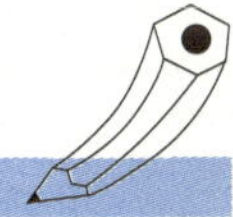

●문법 해설●

✽「わけ」의 용법

「わけ」의 본래 의미는 「의미, 이치, 이유」이다. 다음 예와 같이 사용한다.

⇨ ・**わけ**がわからない言葉は使うことができません。

   (뜻을 모르는 말은 사용할 수 없습니다)

・それはどういう**わけ**ですか。(그것은 무슨 이유입니까?)

・失敗したのには深い**わけ**があります。

   (실패한 데에는 깊은 사연이 있습니다)

「절(節)＋わけ」는 화자의 논리적인 추론의 귀결을 나타낼 때 사용한다.

다음 회화에서 A는 C의 피아노에 감동하고 있다. A는 B에게 그 이유를 묻고, 그 결과를 당연한 것으로 여기게 되었다. 그래서 「わけ」를 사용하였다.

⇨ A ： Cさんはピアノが上手ですね。(C씨는 피아노가 능숙하네요)

   B ： ええ。3才の時から習っていますからね。

   (네. 3살 때부터 배우고 있기 때문이죠)

   A ： ああ、それであんなに上手な**わけ**ですね。

   (아, 그래서 저렇게 능숙하군요)

⇒ A ： なんかいやに暑いですね。(뭔가 이상하게 덥군요)

B ： ああ、窓が閉まってますよ。(아, 창문이 닫혀 있어요)

A ： なんだ。それじゃ暑い**わけ**だ。(뭐야. 그래서 덥군)

「わけだ」의 부정형은 「わけじゃない」이다. 결론을 부정할 때 사용한다.

⇒ A ： この本は漢字が多いですね。(이 책은 한자가 많네요)

B ： でも難しい**わけではありません**よ。(그래도 어렵지는 않아요)

⇒ A ： いつ電話してもいませんね。

(언제 전화해도 없군요)

B ： でも遊んでいる**わけじゃありません**よ。

(그래도 놀고 있는 것은 아니에요)

「わけにはいかない」라고 하는 것은 개인적인 이유라든지 사회적 통념상 어떤 **행동**을 하는 것이 허락되지 않을 때 사용한다. 「わけには行かない」의 앞에는 동사의 긍정형이 온다.

⇒ ・あした試験があるから、遊ぶ**わけにはいきません**。

(내일 시험이 있으니까, 놀 수는 없습니다)

・ここは図書館だから、タバコを吸う**わけにはいきません**。

(여기는 도서관이기 때문에 담배를 필 수는 없습니다)

「わけにはいかない」의 앞에 동사의 부정형이 오면 의무를 나타낸다.

⇒ ・あしたは試験があるから、勉強しない**わけにはいきません**。

(내일은 시험이 있기 때문에 공부하지 않을 수 없습니다)

・もう約束したから、行かない**わけにはいきません**。

(이미 약속했기 때문에 안 갈 수는 없습니다)

♣ 다음 A와 B에서 알맞은 말을 골라 서로 연결하시오.

A	B
1. 1) お中元に果物を	a) 会ってみることにしました。
2) 一度	b) はらないことにしました。
3) 両親を浅草に	c) 修理しないことにしました。
4) 部屋の壁には何も	d) 贈ることにしました。
5) 新しい電話番号は	e) 案内することにしました。
6) この古い自転車は	f) 教えないことにしました。
2. 1) 4月から東京の大学に	a) いけないことになりました。
2) 友達の結婚式でピアノを	b) 行かないことになりました。
3) 今度大阪支店に	c) 弾くことになりました。
4) 友達はスキーへ	d) 泊まらないことになりました。
5) 京都では	e) 転勤することになりました。
6) ここでタバコを吸っては	f) 行くことになりました。

自動車に泥水をかけられ、
ズボンを汚されてしまった。

・電車の中はぎゅうぎゅう詰めで、足は踏まれるし、全然身動きできなくって。
・帰って奥さんに怒られたでしょう。
・クリーニング屋に出すと、いくらぐらい取られますか。

● 본문1 ●

伊藤 ： 小林さんは何時に出社しますか。

小林 ： 制服に着替えなければならないから、8時半に来ます。

伊藤 ： 僕も毎日7時に家を出て8時半に会社へ着きますが、ちょうどラッシュアワーで大変ですよ。電車の中はぎゅうぎゅう詰めで、足は踏まれるし、全然身動きできなくって。

小林 ： 本当に。朝の7時から9時の間だけは、電車の数を増やしてもらいたいですよね。

낱말풀이

○ **出社**（しゅっしゃ）　출사, 출근　◇↔ **退社**（たいしゃ）　퇴사, 퇴근
○ **制服**（せいふく）　제복
○ **着替**（きか）える　옷을 갈아입다
○ **ラッシュアワー**　러시아워

○ **ぎゅうぎゅう詰**（づ）め　（콩나물 시루같이）꽉 죄는 모양, 꽉 눌러 담는 모양
○ **踏まれる** ⇒ふむ　밟다
○ **身動**（みうご）き　몸 움직임, 거동
○ **増**（ふ）やす　늘리다

伊藤　：　そうそう、僕は前に口紅をワイシャツにつけられてし
　　　　　まったことがあって、あのときは本当に困りましたよ。

小林　：　それは大変。帰って奥さんに怒られたでしょう。

伊藤　：　それはもう。冬はたくさん着ているから着ぶくれする
　　　　　し、夏は暑くてムンムンするし。その上、終電車の中
　　　　　じゃ、酔っぱらいが喧嘩をしたりして。通勤が１時間
　　　　　半もかかるから疲れますよね。

● 본문2 ●

大木　：　ズボンがひどく汚れていますね。

安　　：　ええ、さっき自動車に泥水をかけられ、ズボンを汚さ
　　　　　れてしまったのです。

大木　：　この辺は道が悪くて困りますね。

安　　：　ええ、自動車も道の悪いところはもっと注意して走っ
　　　　　てくればいいのに、運転が乱暴すぎますよ。

大木　：　そうですね。勿論、謝<ruby>あやま</ruby>らないで行ってしまったのでしょ
　　　　う。

安　　：　ええ。もう少し乾<ruby>かわ</ruby>いてからブラシをかけたら、落ちる
　　　　でしょうか。

大木　：　泥はなかなか落ちませんよ。帰ったらクリーニング屋<ruby>や</ruby>
　　　　に出した方がいいでしょう。

安　　：　そうですか。クリーニング屋に出すと、いくらぐらい
　　　　取<ruby>と</ruby>られますか。

大木　：　さあ、八百円は取られるでしょう。

安　　：　そうですか。クリーニング代<ruby>だい</ruby>も高くなりましたね。

大木　：　ええ、このごろは何でも高くなりましたね。

○謝（あやま）る　사과하다
○ブラシ　브러쉬
○クリーニング屋（や）　세탁소
○取（と）られる　⇒とるの 수동, 빼앗기다
○クリーニング代（だい）　세탁요금

1. A : あなたは子供のころ兄弟げんかをしませんでしたか。

   B : ずいぶんしましたね。弟や妹をいじめてばかりいると言って、よく母に叱られました。あなたはどうしましたか。

   A : 私も兄とよく喧嘩をしましたが、兄の方がいつも叱られていました。

   B : 兄弟喧嘩をして叱られるのはたいていお兄さんのようですね。

2. A : ゆうべ大変なことがありました。

   B : どうしたんですか。

   A : 泥棒にはいられたんです。

   B : えっ、何か取られましたか。

   A : いいえ、ちょうど家内が目をさまして悲鳴をあげたので、何も取られないで済みました。

   B : そうですか。それは不幸中の幸いですね。

3. 猫がトラックにひかれました。

   何にひかれましたか。

   トラックにひかれました。

   何がひかれましたか。

   猫がひかれました。

4. A : お使いに行くんですか。

   B : はい。母に晩ご飯の買い物を頼まれました。

5.　A　：　昨日ゴルフに行ったそうですね。

　　　B　：　はい。でも途中から雨に降られて困りました。

6.　A　：　あした研修に行くとき、カメラを持ってきてくれませんか。

　　　B　：　すみません。カメラは弟に壊されて、今修理に出しているところ

　　　　　　なんです。

7.　A　：　奥さんもゴルフを始めたんですか。

　　　B　：　はい。主人に付き合わされて始めたんです。

8.　A　：　豆腐（とうふ）は何からできていますか。

　　　B　：　豆腐は大豆から作られます。

9.　A　：　あなたの好きな日本の作家はだれですか。

　　　B　：　川端康成です。この人の本は、広く外国でも読まれています。

10.　A　：　郵便局の外に切手が買えるところはどこですか。

　　　B　：　駅の売店とか、タバコ屋でも売られています。

11.　安さんは自動車に泥水をかけられ、ズボンを汚されてしまった。自動車も

　　道の悪い所はもっと注意して走ってくれればいいのにと、安さんは怒っ

　　ていた。

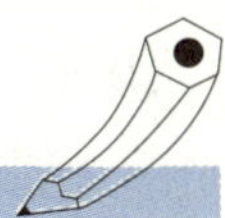

✱ 「のだ(＝んだ)」에 대해서

① 「のだ」는 말하는 사람이 제공하는 화제에 듣는 사람을 끌어들이는 기능이 있다.

⇨ A ： 明日みんなピクニックに行く**ん**だけど……。

（내일 모두 소풍가는데……）

B ： うん。(응)

A ： いっしょにどう。

（함께 가지 않을래?）

② 두 가지 사항을 강하게 비교하고 싶을 때에도 「のだ」를 사용하는 일이 있다.

⇨ A ： この問題はかんたん**ん**よね。

（이 문제는 간단하네요）

B ： うん。(응)

A ： でも、次のが難しい**の**よね。

（그렇지만 다음 문제가 어려운 거에요）

③ 한편 감정을 강조하고 싶을 때에도 「のだ」를 사용한다.

⇨ A ： あ、3時に電話する**ん**だった。

（아, 3시에 전화해야 했는데）

B ： ええ、もう4時よ。早く電話したら。

（네, 벌써 4시에요. 빨리 전화하지그래）

A ： うん、そうする。

（응, 그러지）

★ A는 3시에 전화하는 약속을 갑자기 생각해내고 조금 늦었지만 지금부터 전화를 걸려고 하는 회화이다.

④ a) 行くんでした。

  b) 行ったんでした。

　a)에서는 아직 실현되고 있지 않은 행위에 대해서 정보를 상기하고 있으나, b)에서는 이미 실현되고 있는 행위에 대해서 정보를 상기하고 있다. 또 「んでした／んだった」를 조금 높고 길게 발음하면 의미가 달라진다.

  ⇒　A　：　昨日の授業、おもしろかったよ。

　　　　　（어제 수업, 재미있었어요）

　　B　：　ほんと。出るんだった。

　　　　　（정말? 나가는 거였는데）

★ B는 어제 수업에 나가지 않은 일을 매우 유감스럽게 생각하고 있다. 이러한 때에는 「んでした／んだった」를 사용할 수 있다.

✱ 수동(受身)에 대해서

　「犬が子供を噛む。(개가 아이를 물다)」의 능동문에 대해서 「子供が犬に噛まれる。(아이가 개에게 물리다)」가 수동이다.

　수동문은 「先生に叱られた。(선생님께 야단맞았다)」, 「電車の中で足を踏まれた。(전철에서 발을 밟혔다)」, 「ボーイフレンドからの手紙を母に読まれてしまった。(남자친구 편지를 어머니가 읽어버렸다)」 등 어떤 동작을, 받는 측의 입장에서 표현한 형식이다. 일본어에는 「ある」「要る」「できる」「見える」「聞こえる」 등 그중에는 수동형으로 될 수 없는 것도 있으나 대부분의 동사가 규칙적으로 수동형을 만들 수 있다.

　한국에서는 능동형으로 표현하는 것 같은 경우에도 일본어에서는 '수동으로 표현하는 경우가 많은 것이 아닌가' 라고 말할 수 있다. 어떤 사항을 동적 입장이 아니라 수동적 입장에 서서 표현하는 것이 보다 일본적인 표현형식이다. 일본어다운 표현을 위해서 그 중요성도 포함해서 수동문을 한번 더 주의깊게 고찰하지 않으면 안된다.

일본어의 수동형	유정(有情)의 수동	「사람이나 동물」이 주어·주제가 된다.
	비정(非情)의 수동	「물건이나 사항」이 주어·주제가 된다.

① 유정(有情)의 수동 (1)

a) 彼は私を愛している。

　(그는 나를 사랑하고 있다)

b) 友達は私を裏切った。

　(친구는 나를 배신했다)

이와 같은 경우, 행위를 받은 나의 입장에서부터 그 이해(利害)·득실(得失) 「기쁘다·유감이다」 등의 감정을 나타내기 위해,

　a.　私は彼に愛されている。(愛されていて、幸せだ。)

　　(나는 그에게 사랑받고 있다 ; 사랑받아서 행복하다)

　b.　私は友達に裏切られた。(裏切られて、残念だ。)

　　(나는 친구에게 배신당했다 ; 배신당해서 유감이다)

라고 수동형으로 표현하려고 한다. 즉, 단순한 사실의 표기가 아니라 감정을 나타내려고 하는 형이고, 감정이 있기 때문에 수동형을 사용하려고 하는 것이다.

예를 들면, 일요일 이른 아침에 걸려온 전화의 상대방에 대해서 피해(싫은 것)를 느낀 경우에는 수동형을 사용하려고 한다.

⇒　。日曜日だというのに、早朝から電話で起こされて(電話をかけられて)迷惑な話だ。)

　　(일요일인데도, 아침 일찍 걸려온 전화에 잠이 깨 귀찮은 이야기이다)

이상에서 나타난 것은 이해(利害)·득실(得失) 중에서 「害」「失」의 부분, 즉, 피해나 폐를 나타내는 것이었으나 「残念だ(유감이다)」라고 하는 기분을 나타내는 것

에는 다음과 같은 것이 있다.

⇒ ◦ 親に死なれて、親孝行ができなくなった。

　(부모를 여의어서, 부모에게 효도를 할 수 없게 되었다)

◦ 妻に入院されて、家族みんなが落ち込んでしまった。

　(처가 입원해, 가족 모두가 곤란에 처해 버렸다)

◦ せっかくのハイキングだったのに、雨に降られて台無しになった。

　(모처럼의 하이킹이었는데, 비가 와서 엉망이 되었다)

② 유정(有情)의 수동 (2)

●한자어＋「받다, 당하다, 맞다」

[신용, 존경, 지도, 지지, 신뢰, 환영, 초대, 소개, 주목, 칭찬 등]＋받다

　일본어의 수동형(れる、られる)은 「어떤 행위를 받은 사람이 그 행위로부터 이해·득실을 받았다고 느낀 경우」에 그것을 표현하는 형이다. 그중에서도 특히 「害」, 「失」 즉, 자기에게 있어서 마이너스라고 느끼는 행위에 잘 쓰이는 경향이 있다.

　또 「신용·존경」은 보통 「受ける」를 사용하지 않는다. 따라서 「한자어＋받다」는 「信用される·尊敬される·指導される·歓迎される·招待される」와 같이 「한자어＋される」로 표현하는 것이 좋다.

　또한 「칭찬받다」의 경우에는 「賞賛を受ける」이고, 「주목받다」의 경우에는 「注目される·注目を浴びる[集める]」가 일반적이다.

[몰수, 추방, 모욕, 구속, 반격, 반박, 거부 등]＋당하다

　이 경우에는 마이너스의 요소를 포함하는 말이기 때문에 「没収される·追放される·侮辱される·拘束される」라고 하듯이 대부분 「한자어＋される」를 사용해서 수동표현을 한다.

또 「거부」는 「断る」라고 하는 동사를 사용해 「断られる」라고 표현하는 경우가 많다

위의 형은 동사를 명사형으로 한 것에 「받다」나 「당하다」를 붙여서 수동표현을 하고 있는 예이나 일본어로 같은 형식으로 하려고 하면 부적절한 표현이 되어 버리는 예가 많다. 그대로 (れる・られる)의 수동형으로 하는 편이 좋다.

⇒ ∘ かわいがられる — 귀여움을 받다

∘ 助けられる — 도움을 받다

∘ 捨てられる — 버림을 받다

∘ 憎まれる・嫌われる — 미움을 받다

∘ いじめられる — 놀림을 당하다

이상 '선물을 받았다'와 같이 「もの(물건)」의 수수(授受)를 직접 표현하는 경우 이외의 「~받다[~당하다, ~맞다]」는 「れる・られる」의 수동형식을 사용하는 경우가 압도적으로 많다.

♣ 다음을 보기와 같이 수동형으로 고치시오.

> 【보기】　兄が私の日記を読みました。
>
> → 兄に日記を読まれました。
>
> 東京駅は、大勢の人が利用する
>
> → 大勢の人に利用されています。

1)　この歌は、大勢の人が歌う。

2)　このテレビ番組は、大勢の人がかわいがる。

3)　パンダは、大勢の人が見る。

4)　となりに立っていた人が私の足を踏みました。

5)　子供が大事な壷を割りました。

6)　後ろの人が私の背中を押しました。

7)　みんなが私の失敗を笑いました。

8)　弟が、私の買っておいたお菓子を食べてしまいました。

よろこんでやらせてもらいます。

학습요점

・入社式の次の日から合宿に行かせて、銀行の仕組みや商品について覚えさせたんだそうです。

・実は私今日付けでやめさせていただきます。

・教材を読んでばかりいてもつまらないから、今日からはラジオのニュースを聞かせることにしました。

● 본문1 ●

横山 ： 来年はめぐみさんも社会人ですね。

谷川 ： ええ、おかげさまで、4月から広告代理店に勤めることになりましたが、心配でね。

横山 ： 広告代理店なら女の人だからってお茶くみさせたり、コピーをとらせたりするだけではないでしょうね。

谷川 ： 何でも仕事に早くなじませるために3月からアルバイトで働かせるんだそうですよ。新入社員は慣れるまで大変ですから。

낱말풀이

○来年(らいねん)　내년
○勤(つと)める　근무하다, 일하다
○心配(しんぱい)　걱정
○くみさせたり　⇒くむ　'(물 따위를)긷다, 푸다'의 사역형　◇くみさせる＋たり
○コピー　카피

○とらせたり　⇒とる의 사역형　◇とらせる＋たり
○なじませる　⇒なじむ　'정들다, 익숙해지다'의 사역형　○アルバイト　아르바이트
○慣(な)れる　익숙해지다

横山　　：　すごいですね。みやこさんも銀行に入ったとき、そう
　　　　　　でしたか。

谷川　　：　いいえ、みやこの会社は違いましたね。入社式の次の
　　　　　　日から合宿に行かせて、銀行の仕組みや商品について
　　　　　　覚えさせたんだそうです。外にも合宿中にオリエンテー
　　　　　　ションをさせたり、社訓を大声で言わせたりしたそう
　　　　　　です。

横山　　：　銀行員っていうのも体力が要りますね。

谷川　　：　銀行によっては、合宿の後すぐに営業に行かせるとこ
　　　　　　ろもあるそうですが、みやこの会社では、中の仕事を
　　　　　　一通り覚えさせてから、セールスにまわすそうですよ。

본문2

A　　：　あのう、部長、お話ししたいことがあるんですが……。

B　　：　二人そろって何の話ですか。

A　　：　実は私たち結婚することになりました。

B ： ほう、二人がそんな仲だとは全然知らなかったなあ。とにかくおめでとう。

A ： それで、部長に仲人をお願いしたいんですが。

B ： ああ、いいですよ、喜んでやらせてもらいます。

C ： あのう、実は私今日付けでやめさせていただきたいんですが。

B ： えっ。やめちゃうんですか。あなたがいなくなると寂しくなるな。とにかくおめでとう。

○仲(なか) 사이
○とにかく 어쨌든, 하여간
○おめでとう 축하합니다
○仲人(なこうど) 중매인

○喜んで 기꺼이 ⇒ よろこぶ 기뻐하다, 기꺼이 하다
○今日付(きょうづ)けで 오늘부로
○寂(さび)しい 쓸쓸하다, 외롭다

1. A ： 先生は日本語をどのように教えていらっしゃいますか。

   B ： そうですね。まず、私が教材を読んで聞かせます。それから、一人一人当てて読ませます。教材を読んでばかりいてもつまらないから、今日からはラジオのニュースを聞かせることにしました。

2. A ： 聞かせた後、どうするんですか。

   B ： いろいろな質問をして答えさせるんです。

   A ： 答えは口で言わせるんですか。

   B ： 口で言わせたり、紙に書かせたりします。

   A ： ああ、そうですか。私のクラスでも少しやらせてみることにします。

3. A ： あれは何をしているんですか。

   B ： ああ、お参りですよ。子供が生まれると、七日以内に名前をつけて、その子が丈夫に育つように神社にお参りするんです。

   A ： 神道ですか。

   B ： いいえ。宗教には関係なく、子供が生まれるとどの親もお参りさせるんですから、日本の古い習慣なんです。

4. A ： 私の姉は先月結婚したばかりなんですが、家はだれもキリスト教じゃないのに、教会で式をあげたんですよ。

   B ： 問題ないですか。

A　：　ええ、全然ありません。去年、おじのお葬式は仏教でやりました
　　　　から。

B　：　じゃあ、生まれたときは神社に行って、死ぬとお寺のお墓に入る
　　　　んですか。

A　：　そういうことです。私たちは一年の中で、お正月になると神社に
　　　　初もうでに行くし、お盆やお彼岸になるとお墓参りに行くんです
　　　　よ。

5.　A　：　お嬢さんのお見合いの話はどうなりましたか。

　　B　：　ついこの前お見合いしたばかりなのに、もう結婚することになっ
　　　　　たんですよ。

　　A　：　まあ、それはおめでとうございます。

　　B　：　どうもありがとうございます。

6.　A　：　あなたは日本へ行ってどんな研修を受けますか。

　　B　：　まず語学の研修院へ入って六か月研修を受けなければならないと思
　　　　　います。

　　A　：　外国語の勉強は本を目で読むばかりではだめらしいです。やはり
　　　　　直接人と会って話を交わさないことにはいけないと思います。

　　B　：　私もそのように思えて、それで日本へ渡って勉強することにしま
　　　　　した。

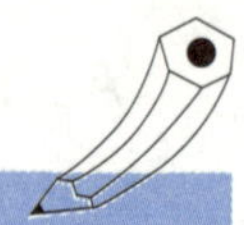

✽ **사역의 조동사 — せる・させる**「〜에게 〜을 하게 하다, 시키다」

五段活動動詞	동사미연형＋せる	飲ませる
上一段・下一段動詞	동사미연형＋させる	食べさせる
カ行変格活用動詞	来る → こさせる	
サ行変格活用動詞	する → させる	

① 赤ちゃんはミルクを飲みました。

（갓난아기가 우유를 마셨습니다）

‒ 何を飲みましたか。

　→ミルクを飲みました。

‒ だれが飲みましたか。

　→赤ちゃんが飲みました。

母親は、赤ちゃんにミルクを飲ませました。

（엄마는 아기에게 우유를 먹였습니다）

‒ 何を飲ませましたか。

　→ミルクを飲ませました。

‒ だれに飲ませましたか。

　→赤ちゃんに飲ませました。

‒ だれが飲ませましたか。

　→母親が飲ませました。

② 母親は子供に「おもちゃを片づけなさい。」と言いました。

（엄마는 아이에게 「장난감을 치우세요.」라고 말했습니다）

‒ だれに言いましたか。

　→子供にいいました。

‒ だれがいいましたか。

　→母親がいいました。

‒ だれがおもちゃを片づけますか。

　→子供がおもちゃを片づけます。

‒ だれがおもちゃを片付けさせますか。

　→母親がおもちゃを片付けさせます。

③ 母親は子供におもちゃを片付けさせました。

(엄마는 아이에게 장난감을 치우게 했습니다)

。だれがおもちゃを片付けましたか。

　→子供がおもちゃを片付けました。

。だれにおもちゃを片付けさせましたか。

　→子供におもちゃを片付けさせました。

。だれがおもちゃを片付けさせましたか。

　→母親がおもちゃを片付けさせました。

✳ 「ばかり」의 용법

• 명사＋ばかり	学生ばかり
• 〜い형용사＋ばかり	わかいばかり
• 〜な형용사＋ばかり	ひまなばかり
• 동사＋ばかり	食べるばかり，　食べたばかり

① 양이나 질, 빈도 등을 강조한다.

　⇨　。ここにいるのはインドネシアの学生**ばかり**です。

　　　(여기 있는 사람은 인도네시아 학생뿐입니다)

　　。アリスさんはアイスクリーム**ばかり**食べています。

　　　(아리스씨는 아이스크림만 먹고 있습니다)

　　。あのレストランは高い**ばかり**で、ちっともおいしくないんです。

　　　(저 레스토랑은 비싸기만 하고, 조금도 맛있지 않습니다)

　　。ここは静かな**ばかり**で、便利じゃないんです。

　　　(여기는 조용할 뿐으로, 편리하지는 않습니다)

◦ ピアノを習っているんですが、お金がかかる**ばかり**で、なかなかうまくならな

いんです。(피아노를 배우고 있습니다만, 돈만 들 뿐이고 좀처럼 잘 쳐지지 않

습니다)

◦ 風が強い**ばかり**でなく、雪さえも降りはじめた。

(바람이 셀 뿐만 아니라, 눈까지도 내리기 시작했다)

② 동작이 지금 방금 끝난 것을 나타낸다.

⇨ A ： ケーキ、食べますか。(케이크, 먹겠습니까?)

B ： いいえ、結構です。今食事した**ばかり**ですから。

(아니오, 괜찮습니다. 지금 막 식사가 끝났기 때문에)

A ： これについて何かご意見ありませんか。

(이것에 대해서 뭔가 의견 없으십니까?)

B ： 今伺った**ばかり**で、まだよく考えていません。

(지금 막 들었을 뿐으로, 아직 잘 생각해보지 않았습니다)

③ 숫자 다음에 와서, 「대략」이라든지 「정도」를 나타낸다.

⇨ 1) そのりんご、三つ**ばかり**ください。

(이 사과, 세 개 정도 주세요)

2) A ： ご主人はもうお帰りですか。

(주인양반은 벌써 돌아오셨습니까?)

B ： いいえ。もう30分**ばかり**したら帰ってくると思いますが。

(아니오. 이제 30분 정도 있으면 돌아올 거라고 생각합니다만)

1. 다음 (　) 안의 동사를 사용하여 알맞은 문장으로 만드시오.

1)　これは、日本語を勉強している人にとってわかりやすい本です。

そうですか。じゃあ、今度学生に (読む)。

2)　ぼくの好きな曲もひいてもらえませんか。

はい。あとで皆さんの好きな曲をリクエストして (ひく)。

3)　学生は質問するときには外国語を使ってもいいですか。

いいえ、クラスではぜんぶ日本語で (話す)。

4)　この原稿、見直しましょうか。

いや、もういいです。アルバイトの人に (やる) から。

5)　使っていないポットがあったらくれない。

いいですよ。今度俊夫が遊びに行くときに (持つ) から。

6)　ひどい雨ですから、わたしの車で送りましょうか。

いいえ、大丈夫です。家の者を迎えに (来る) から。

7)　俊夫さん、どうかしたんですか。

ちょっと熱があるようなので、早めに (帰る)。

8)　どうぞ、お上がりください。

いいえ、今日はすぐ失礼します。外にタクシーを (待つ) ありますので。

2. 다음 (　) 안의 동사를 알맞은 형태로 고치시오.

1)　金さんいますか。

いいえ、たった今、(帰る) ばかりです。

2)　また飛行機の事故があったそうですよ。

はい、わたしも今、そのニュースを (聞く) ばかりです。

3)　ずいぶん安全運転ですね。

　　はい。まだ、免許を（**取る**）ばかりです。

4)　お付き合いを始めてから、どのぐらいになりますか。

　　実は、まだ（**知り合う**）ばかりです。

5)　もうご飯の支度ができましたか。

　　いいえ、さっき（**作り始める**）ばかりですから。

6)　このごろ娘さんは、学校へ行っていないんですか。

　　はい。病気がなかなか治らないので、（**休む**）ばかりいます。

7)　調子が悪いようですね。

　　はい。今年の冬は、（**風邪をひく**）ばかりいます。

8)　お兄さんは毎日、夜遅くまで残業だそうですね。

　　はい。平日は、朝から晩まで（**働く**）ばかりいます。

9)　先生、うちの子はいつもまじめに勉強していますか。

　　それが、授業中は隣の子と（**話す**）ばかりいます。

10)　うちに帰ったら、晩ご飯を作り始めるんですか。

　　いいえ。最近は忙しいので、外で、（**食べる**）ばかりいます。

英語で答えさせられる。

학습요점

・難しいことは難しかったですが、大体できたつもりです。

・専門のことについて英語で答えさせられたのには困りました。

● 본문 ●

西川（にしかわ） ： 昨日の入社試験（にゅうしゃしけん）はどうでしたか。

山村 ： 難しいことは難しかったですが、大体できたつもりです。

西川 ： それはよかったですね。どんな形式（けいしき）の試験でしたか。

山村 ： 筆記試験（ひっきしけん）と口述試験（こうじゅつ）でした。貿易会社（ぼうえきがいしゃ）なので、語学ができないとだめらしいです。

西川 ： それでは両方（りょうほう）とも英語の試験ですか。

山村 ： ええ、そうです。筆記試験でも英文を翻訳（ほんやく）させられたり、「これからの海外貿易」という題（だい）で英作文（えいさくぶん）を書かされたりしました。

낱말풀이

○ **入社試験**（にゅうしゃしけん）　입사시험
○ **形式**（けいしき）　형식
○ **筆記試験**（ひっきしけん）　필기시험
○ **口述試験**（こうじゅつしけん）　구술시험
○ **貿易会社**（ぼうえきがいしゃ）　무역회사
○ **両方**（りょうほう）　양쪽 다
○ **翻訳**（ほんやく）　번역
○ **海外貿易**（かいがいぼうえき）　해외무역
○ **題**（だい）　제목, 주제
○ **英作文**（えいさくぶん）　영작문

西川　：　口述試験は難しかったでしょう。

山村　：　普通の会話はそれほど難しいとも思いませんでしたが、
　　　　　専門のことについて英語で答えさせられたのには困り
　　　　　ました。

西川　：　それは難しそうですね。試験は外に何がありましたか。

山村　：　口述試験の後で、身体検査も受けさせられました。合
　　　　　格すると、すぐ海外へ出張させられる者もいるからで
　　　　　しょう。

西川　：　あなたは丈夫そうだから、身体検査は大丈夫でしょう。

山村　：　ええ、多分心配はないだろうと思います。

1. A ： ちょっと聞いてよ。今日セールスマンが来てね。

   B ： 何のセールスマン。

   A ： 自動車のよ。勝手に入ってこられて困っちゃったわ。1時間も話を聞かされた上に、新車を買わされそうになっちゃって。追い返してやったわ。

   B ： どうやって。

   A ： 玄関の花瓶の水をかけてやったのよ。

2. A ： ちょっと聞いてくれよ。ひどい目にあっちゃったんだ。

   B ： 何だい。

   A ： 今日行ってきった家で、犬に吠えられるし、かみつかれるしで散々だったよ。

   B ： そのくらい大したことじゃない。おれなんか、水かけられたんだぜ、花の水を。

3. A ： あっ、こら、待ちなさい。

   B ： どうかしたのかい。

   A ： 今度入ることになった学校の制服を着せようとしたら、いやがるんですよ。

   B ： もう人に着せられるのがいやなんだろう。自分で着させなさい。学校にも塾にも行かされるし、勉強ばかりさせられて、大人より忙しいよ、今の子供は。

A ： そうかしら。だって、親は高いお金を払わされるんですよ。

B ： 何を言っているんだ。子供に教育を受けさせるのは親の務めだよ。

4. 私は貿易会社の入社試験を受けた。試験は筆記試験と口述試験だったが、どちらも英語に重点が置かれていた。英作文は「これからの海外貿易」という題だった。口述試験の後で身体検査もあった。合格すると、すぐ海外へ出張させられる者もいるからだろう。

5. A ： めぐみ、大学を卒業したら、どうするつもりなんだい。

B ： 広告代理店に勤めたいと思っているの。

A ： そうか。でも広告の仕事は大変だぞ、お父さんの友達も広告代理店に勤めている人がいるが、残業が多くて、なかなか休みがとれないそうだよ。

6. A ： お父さんは入社して何年たつの。

B ： 26年目だよ。

A ： うわあ、すごい。このままずっと会社に骨をうずめるつもり。

B ： ああ、もちろんだよ。日本の会社は終身雇用だからな。それにいままで会社にもずいぶん世話になっているし。

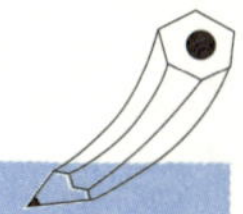

❋ 사역수동 「させられる」

> 사역(せる·させる)＋수동(れる·られる)

① 姉は私に、部屋の掃除を**させました**。(누나는 나에게 방 청소를 시켰습니다)

- 何をさせましたか。　　　　→ 部屋の掃除をさせました。
- だれにさせましたか。　　　→ わたしにさせました。
- だれがさせましたか。　　　→ 姉がさせました。

② 私は姉に、部屋の掃除を**させられました**。← ①의 사역수동

- 何をさせられましたか。　　→ 部屋の掃除をさせられました。
- だれにさせられましたか。　→ 姉にさせられました。
- だれがさせられましたか。　→ 私がさせられました。

飲む	食べる	来る
飲まない	食べない	こない
のませる	たべさせる	こさせる
のませられる(＝飲まされる)	たべさせられる	こさせられる

★ 5단동사는 せられる를 される로 바꿔 쓸 수 있다.

❋ 〜ことは〜が 「〜하기는 〜하지만」

難しい	ことは	難しかったです	が	(어렵기는 어려웠습니다만)
美しい	(事は)	美しいです		(아름답기는 아름답습니다만)
悲しい		悲しいです		(슬프기는 슬픕니다만)
行った		行きました		(가기는 갔습니다만)

✳ 의지·확신의 표현 「つもりだ」

① 의지　修飾句／節＋つもりだ

⇨　A　：　会社をやめるんですか。(회사를 그만두는 겁니까?)

　　B　：　ええ、その**つもり**です。(네, 그럴 생각입니다)

⇨　A　：　何時に出発しますか。(몇 시에 출발합니까?)

　　B　：　10時の**つもり**です。(10시 예정입니다)

⇨　。来月帰国する**つもり**です。

　　(다음달에 귀국할 생각입니다)

　　。後で電話する**つもり**です。

　　(나중에 전화할 생각입니다)

　　。英語では話さない**つもり**です。

　　(영어로는 말하지 않을 생각입니다)

　　。二度とここには来ない**つもり**です。

　　(두 번 다시 여기는 오지 않을 생각입니다)

[참고]　◇「つもりだ」의 부정은 「つもりはない」로, 강한 부정을 나타낸다.

　　⇨　。悪いことをする**つもりはありません**。ちょっと中を見るだけです。

　　　　(나쁜 짓을 할 생각은 없습니다. 잠깐 안을 보기만 할 겁니다)

　　　。今結婚する**つもりはありません**。

　　　　(지금 결혼할 생각은 없습니다)

　　◇「つもりだ」의 완료형(과거형)은 「つもりだった」로, 의지는 있었으나 실제로는 실행하지
　　않은 것을 나타낸다.

⇒ 。勉強する**つもり**でしたが、友達が来てできませんでした。

　(공부할 생각이었으나, 친구가 와서 할 수 없었습니다)

。旅行に行く**つもり**でしたが、風邪を引いて行けませんでした。

　(여행갈 생각이었으나, 감기가 들어 갈 수 없었습니다)

② 확신

　「つもり」는 의지뿐만 아니라 확신을 나타내는 일도 있다. 이것은 말하는 사람이 자신의 상태에 대해서 확신하고 있을 때나 제삼자가 자신의 상태에 대해서 확신하고 있다고 추측할 때에 사용한다. 후자의 경우 「つもり」의 뒤에 「ようだ」나 「らしい」가 연결된다.

⇒ 。まだまだ若い**つもり**です。

　(아직도 젊을 겁니다)

。よくわかっている**つもり**です。(잘 알고 있을 겁니다)

。アリスさんはどこにも行かない**つもり**です。

　(아리스씨는 어디에도 안 갈 겁니다)

✴ 「対して」「関して」「ついて」에 대해서

対して	어떤 대상을 향해 있다. 「〜に向かって」라고 하는 뉘앙스가 있다. (〜다음에는 반항(反抗), 반대(反對), 반발(反撥) 등 동적이다)
関して	관련되다, 관계를 가지다. (대상과의 관련을 명시한다. 문장체적인 말)
ついて	「関して」보다 회화체적인 말. (생각, 보고, 의견, 설명, 言う(말하다), 話す(이야기하다), 상담, 상상, 판단, 연구 등 정적이다)

⇒ 。今の質問に**対して**[**ついて**]お答えします。

　(이 질문에 대해서 대답하겠습니다)

◦ この議題について他のご意見はありませんか。

(이 의제에 대해서 다른 의견은 없으십니까?)

◦ 私は政治について[関して]関心を持っています。

(나는 정치에 대해서 관심을 갖고 있습니다)

◦ 田中さんの話したことについて[関して]賛成意見、反対意見はありませんか。

(다나카씨가 한 말에 대해서 찬성 의견, 반대 의견은 없습니까?)

◦ 先生の説明は、私の質問に対する答えになっていません。

(선생님의 설명은, 나의 질문에 대한 대답이 되지 못합니다)

◦ 台風に関する[ついて]のニュースは全然なかった。

(태풍에 대해서 뉴스는 전혀 없었다)

◦ 公害問題についてどう思いますか。

(공해문제에 대해서 어떻게 생각합니까?)

◦ 日本語の文法に関して[ついて]どんな本を読んだことがありますか。

(일본어 문법에 대해서 어떤 책을 읽은 적이 있습니까?)

◦ 文化院の講座についていろいろな噂があるようですね。

(문화원 강좌에 대해서 여러 가지 소문이 있는 것 같군요)

◦ 目上の人に対して[ついて]失礼なことを言うと、大変なことになります。

(손윗사람에게 대해서 실례된 말을 하면 큰일납니다)

◦ 私は中国の歴史に関する辞書を集めています。

(나는 중국의 역사에 관한 사전을 모으고 있습니다)

◦ 私は世界の食文化に対して[関して／ついて]興味があります。

(나는 세계의 식문화에 대해서 흥미가 있습니다)

1. 다음 (　) 안의 동사를 사역형으로 문장에 맞게 고치시오.

　　1)　忘年会で飲みすぎましたね。

　　　　はい。飲めないお酒を無理に（　飲む　）から。

　　2)　あの人、冗談言っておもしろい人ね。

　　　　はい。彼にはいつも（　笑う　）ばかりいるんです。

　　3)　眠そうな顔をしていますね。

　　　　はい。つまらない教育ビデオを1時間も（　見る　）からね。

　　4)　食べ物の好ききらいはありませんか。

　　　　いいえ、ありません。小さいとき、母にきらいな物も全部（　食べる　）

　　　　から。

　　5)　警察に呼ばれて怒られたでしょう。

　　　　はい。もう2度としないと（　約束する　）。

2. 다음 질문에 대답하시오.

　　1)　あなたはあした何をするつもりですか。

　　2)　今度の週末はどうするつもりですか。

　　3)　今日、会社(学校)が終わったら、どうするつもりですか。

　　4)　日本語の勉強をして何になるつもりですか。

　　5)　いつ、国に帰るつもりですか。

　　6)　国に帰ったら、何をするつもりですか。

3. A와 B를 서로 맞게 연결하시오.

A	B
1) 来年はスペイン語を	a) 勤めるつもりです。
2) 日本の会社に	b) 行かないつもりです。
3) 父に友達を	c) 遅刻しないつもりです。
4) 今日のパーティーへは	d) 習うつもりです。
5) オートバイに子供は	e) 紹介するつもりです。
6) あしたは	f) 乗せないつもりです。

A	B
7) 私はその人になったつもりで	g) いてはいけません。
8) 父はまだ若いつもりで	h) 話しました。
9) いつまでも子供のつもりで	i) 派手な洋服を着ています。

私の結婚観

학습요점

・結婚制度のことで、ちょっとお伺いしたいことがあるんですが。

・昔は早かったようですが、このごろはだんだん遅くなりがちです。

・それは女性も仕事を持つ人が増えたせいもあると思いますが。

・このごろはそうとは限らないんです。

● 본문 ●

A ： 結婚制度のことで、ちょっとお伺いしたいことがあるんです
が。

B ： はい、何ですか。

A ： 韓国では見合い結婚と恋愛結婚とどちらが多いですか。

B ： よくわかりませんが半々ぐらいではないかと思います。

A ： それでは結婚の適齢期は何才くらいでしょうか。

B ： 昔は早かったようですが、このごろはだんだん遅くなりが
ちです。それは女性も仕事を持つ人が増えたせいもあると
思いますが。

낱말풀이

o 結婚制度(けっこんせいど)　결혼제도
o 見合(みあ)い結婚(けっこん)　중매결혼
o 恋愛結婚(れんあいけっこん)　연애결혼
o 適齢期(てきれいき)　적령기

o だんだん　점점
o 女性(じょせい)　여성
o 仕事(しごと)　일
o せい　탓

A ： そうですか。日本も仕事を持っている独身女性が多く、そ
れをよく独身貴族といいますよ。あなたは結婚についてど
う思いますか。

B ： そうですね。私は見合い結婚の方が無難だと思います。で
きれば結婚してからも共働きをしながら助け合って行くの
が私の理想です。

A ： そうですか。以前、私は韓国の男性は奥さんが働くこと
に反対する人が多いと聞きましたが。

B ： そうですね。人によって違うと思いますが、このごろは
そうとは限らないです。

○ **独身**(どくしん)　독신
○ **貴族**(きぞく)　귀족
○ **無難**(ぶなん)だ　무난하다
○ **共働**(ともばたら)き　맞벌이
○ **助**(たす)け**合**(あ)う　서로 돕다
○ **男性**(だんせい)　남성
○ **反対**(はんたい)　반대
○ **そうとは限**(かぎ)らない　그렇다고는 말할 수 없다, 그렇지만은 않다
○ **変**(か)わる　변하다

A ： そうですか。韓国もこれからだんだん変わると思います。
親との同居についてはどうお考えですか。

B ： 私は同居については賛成です。いろいろ気づかいをしなけ
ればならないとは思いますが、お年寄りの方がいらっしゃ
ると心強いと思います。

A ： そうですか。あなたはいいお嫁さんになるでしょうね。

B ： いいえ、かならずしもそうとは言えませんよ。

○同居（どうきょ）　동거, 같은 집에 같이 삶
○賛成（さんせい）　찬성
○気（き）づかい　염려, 걱정
○年寄（としよ）り　노인

○心強（こころづよ）い　마음이 든든하다, 믿
음직스럽다
○お嫁（よめ）さん　신부, (결혼 상대로서의)
여성

1. 奨学金制度について聞きたい。

   → 奨学金制度のことで、ちょっとお伺いしたいことがあるんですが。

2. 夫の病気について相談したい。

   → 夫の病気について、ちょっとお伺いしたいことがあるんですが。

3. 金さんについて言っておきたい。

   → 金さんのことで、ちょっとお伺いしたいことがありますが。

4. 日本人の宗教観について尋ねたい。

   → 日本人の宗教観のことで、ちょっとお伺いしたいことがありますが。

5. 息子さんの進学について話したい。

   → 息子さんの進学のことで、ちょっとお伺いしたいことがあるんですが。

6. 平安時代の貴族の文学について聞きたい。

   → 平安時代の貴族の文学のことで、ちょっとお伺いしたいことがあります
   が。

7. 孤独がかならずしもわるいとはかぎらない。なぜならこれがときには人間
   を精神的に成長させてくれるからです。

8. お金持ちが必ずしもしあわせだとはかぎらない。

9. 1回目の授業にたくさんの学生が来たからといって、2回目の授業にも同じ
   数の学生が来るとは限らない。

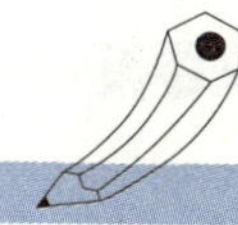

✳ ～がち

(체언・동사 연용형에 붙어서) 그러한 경향・상태가 많음을 나타냄.

⇨ ・病気**がち**の子(병이 잦은 아이)

・曇り**がち**の空(흐리기 일쑤인 날씨)

・怠け**がち**の男がいる。(게으름을 곧잘 피우는 사나이가 있다)

・あの人はいつも怒り**がち**でこまります。

　(저 사람은 언제나 성을 곧잘 내어 난처합니다)

・初心者はこういう失敗をし**がち**だ。(초심자는 이런 실패를 하기 마련이다)

・このごろは雨**がち**だ。(요즈음은 비오기 일쑤이다)

✳ そうですね

　이 말은 「글쎄요」, 「그렇군요」 등 몇 가지 뜻이 있는데, 어감이 밝고 끝이 올라가면 긍정의 뜻으로 「그렇군요」라는 뜻이 되고, 반대로 어둡고 낮은 톤이면 「글쎄요」라는 부정의 뜻을 가진 말이 된다. 그외 「そうですね」는 갑작스러운 질문을 받았을 때, 「そうですね」라고 해서 그에 대한 대답을 찾을 때 쓰는 말이다.

⇨ ・あした映画を見にいきませんか。(내일 영화를 보러 가지 않을래요?)

　→ そうですね。↗ (긍정의 뜻으로, 같이 가자는 말)

　→ そうですね。↘ (부정의 뜻으로, 요다음에 가자는 말)

⇨ ・あなたは結婚についてどうおもいますか。

　(당신은 결혼에 대해서 어떻게 생각하십니까?)

　→ そうですね。結婚は……

　(여기서의 そうですね는 대답을 생각하는 여유를 가질 때 사용하는 말)

♣ 다음 질문에 서로 이야기해 봅시다.

1. あなたは見合い結婚と恋愛結婚ではどちらがいいと思いますか。

2. 結婚適齢期は何才だと思いますか。

3. 親との同居についてどう思いますか。

4. 共働きについてはどう思いますか。

5. 独身主義についてはどう思いますか。

6. 結婚相手を決めるときに、どんなことを重要視しますか。

7. 日本の結婚式はクリスチャンをのぞいて、ほとんどの人が神前結婚だそう
   です。それなのに葬式になると、仏教でするんです。これについてどう思
   いますか。また、あなたの場合はどうですか。

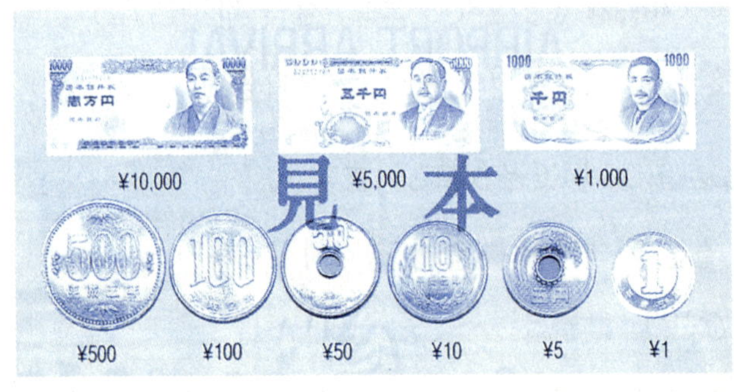

暑中お見舞い申し上げます。

> ・いかがお過ごしでいらっしゃいますか。
> ・先生には還暦（かんれき）をお迎えになられたそうで、本当におめでとうございます。
> ・先生に叱られたことなどが懐かしく思い出されました。
> ・ようやく梅雨が明けたかと思うと、急にこの暑さです。
> ・おかわりなくお過ごしですか。

● 본문1 ●

暑中（しょちゅう）お見舞（みま）い申し上げま
す。

大変ご無沙汰（ぶさた）しております
が、いかがお過ごしでいらっ
しゃいますか。

先生には還暦（かんれき）をお迎えにな
られたそうで、本当におめで
とうございます。今でもゴル

낱말풀이

o **暑中**(しょちゅう)　서중, 여름의 한참 더
울 동안　　　o **見舞**(みま)**い**　문안
o **申**(もう)**し上**(あ)**げます**　아룁니다, 올립
니다
o **ご無沙汰**(ぶさた)　격조함을 사과하는 인

사말
o **いかが** ⇒ どう의 존경어, 어떻게
o **還暦**(かんれき)　회갑
o **お迎えになる** ⇒ むかえる　'맞이하다'의
존경표현　　　o **ゴルフ**　골프

フで体調を整えられるとのこと、お元気でなによりです。

　私も会社に出てから5年間、夏バテもせず、毎日元気に働いております。この間、久しぶりに高校時代のアルバムを広げてみました。写真を見ていると、修学旅行先の旅館でよる遅くまで起きていて、先生に叱られたことなどが懐かしく思い出されました。

　現在、仕事はなかなか大変ですが、「初心忘れるべからず」という先生のお言葉を思い出し、がんばっています。これからもお元気で、私どもをご指導くださいますよう、よろしくお願い申し上げます。暑い日が続きますが、くれぐれもお体を大切になさってください。

○ **体調**(たいちょう)　몸의 상태
○ **整えられる** ⇒ととのえる　'몸의 상태를 조절하다'의 존경표현
○ **なにより**　무엇보다도 가장, 제일
○ **夏**(なつ)**バテ**　여름을 탐
○ **久しぶり**　오래간만　○ **アルバム**　앨범
○ **広**(ひろ)**げる**　펴다, 펼치다
○ **叱られる** ⇒しかる　'꾸짖다'의 수동형
○ **懐**(なつ)**かしい**　그립다
○ **初心忘**(しょしんわす)**れるべからず**　초심 잊지말지어다　○ **言葉**(ことば)　말, 언어
○ **指導**(しどう)　지도　○ **くれぐれも**　부디

暑中お見舞い申し上げます。

　ようやく梅雨（つゆ）が明（あ）けたかと思うと、急にこの暑さです。みなさまお変わりなくお過ごしでしょうか。夏に強い私も、この二三日の暑さにはバテ気味（ぎみ）です。

　今年の夏は暑く長くということなので、くれぐれもお体にお気をつけください。

날말풀이

○ようやく　겨우, 간신히
○梅雨（つゆ）が明（あ）ける　장마가 그치다
○おかわりなく　변함없이

○バテ気味（ぎみ）　（여름을）타는 기미, 느낌

1. A ： 先生、ちょっとお尋ねしたいことがあるのですが、今よろしいで
しょうか。

　 B ： ええ、いいですよ。

2. A ： この間先生がお話になったトインビーの『歴史の研究』についてお尋
ねしたいのです。

　 B ： どんなことですか。

3. A ： 先生は先日あの本をお読みになって大変感激なさったとおっしゃい
ましたが、どんな点に興味をお持ちになったのでしょうか。

　 B ： ああ、そのことについては、前にあの本の書評を書いた時にだい
ぶ詳しく書きましたよ。

4. A ： 何をお書きになったでしょうか。

　 B ： 『歴史研究』という雑誌です。もう十年以上も前ですが。

5. A ： その雑誌をお借りすることができるでしょうか。

　 B ： ああ、いいですよ。今家に置いてありますから、今度研究室へ来
る時に持って来ましょう。

6. A ： 先生は今度いつ研究室へいらっしゃいますか。

　 B ： 明日は学会で大阪へ出かけますから、明後日ですね。

　 A ： それでは、明後日参りますから、よろしくお願いします。

7. 谷川さんですか。

はい、谷川です。

谷川さんでいらっしゃいますか。

はい、谷川でございます。

8. トイレはどこですか。

廊下(ろうか)の突き当たりにあります。

トイレはどちらですか。

廊下の突き当たりにございます。

9. 部長、新日本電気の鈴木さんが来られました。

ああ、わかった。じゃあ、会議室(かいぎしつ)にお通ししてください。

10. 横山先生はどちらでしょうか。

横山先生は30分ほど前にお出かけになりました。

お戻りは5時ごろです。

11. 先生はどんなお話をなさいましたか。

日本語の学校について話されました。

12. お客さまはまだいらっしゃいませんか。

いいえ。ただ今お車がお着きになりました。

13. 小林さん、重そうですね。お持ちしましょうか。

はい。じゃあ、これだけお願いします。

✽ **경어**(敬語)

경어동사	존경동사 겸양동사
존경조동사	れる・られる する → される
존경표현 **겸양표현**	お＋動詞の連用形＋になる お＋動詞の連用形＋にする

　※ **する**→ なさる(존경동사), いたす(겸양동사), される(존경조동사)

✽ いかがお過ごしでいらしゃいますか。「어떻게 지내십니까?」

　「いかがお過ごしですか」나 「いかがお過ごしでありますか」의 경어이다. 「ある・いる」의 존경어는 「いらっしゃる」이다.

✽ 先生に叱られたことが懐かしく思い出されました。

　「선생님한테 꾸지람을 들었던 일이 그리워졌습니다」

　　조동사　**れる・られる** ─ 수동, 존경, 가능, 자발

　⇨　・叱**られる** (혼나다) ← 수동

　　　・思いだ**される** (생각나다) ← 자발

✽ いかがお過ごしですか。「어떻게 지내십니까?」

　「どう過ごしていますか」의 경어이다.

　⇨　・出かけますか。→ お出かけですか。(외출하십니까?)

◦ 探していますか。 → お探しですか。(찾으십니까?)

◦ 持っていますか。 → お持ちですか。(가지고 계십니까?)

✳ ～かと思うと 「～인가 했더니, ～라고 생각하니, ～인가 싶으면」

⇨ ◦ ようやく雨が上がった**かと思うと**、急にこの暑さです。

(겨우 비가 그쳤나보다 했더니, 금방 이런 더위입니다)

◦ これから暑くなる**かと思うと**、いやになります。

(이제부터 더워진다고 생각하니 싫습니다)

◦ 暖かい日が続く**かと思うと**雪がふったりで、春先の天候は変わりやすい。

(따뜻한 날이 계속되는가 싶으면 눈이 내리기도 하고, 초봄의 날씨는 변하기 쉽다)

◦ あの子供は、親がない**かと思うと**、かわいそうになります。

(저 아이는 부모가 없구나 생각하니 불쌍해집니다)

✳ 경어(敬語) · 대우(待遇) 표현

① 존경표현에 관한 경어

a) 복합동사의 경우는 보통 뒤의 동사를 존경어로 한다. 동사가 둘, 셋 계속되는 경우
에는 문장 끝의 동사를 바꾸는 것만으로도 경의(敬意)가 된다.

⇨ ◦ 先生はさっき**帰っていた**。 → 帰っていかれた， 帰っていらっしゃった

(선생님은 아까 들어가셨다)

◦ 先生は毎朝6時に起きて、**散歩する**。 → 散歩される， 散歩なさる

(선생님은 매일 아침 6시에 일어나 산보한다)

b) 하나의 동사에 대해서 이중으로 경어를 사용하는 것은 이중경어이다. 이중경어는
될 수 있는 한 피하는 편이 좋다. 단지 「上がる」 「召す」 「見える」 등 경어의 정도가

낮다고 생각되는 것에는 「お〜になる」를 함께 사용할 수 있다.

⇨ ・これは社長がタイで**お求めになられた**ものです。 (なったもの)

(이것은 사장이 태국에서 사신 것입니다)

・お医者さんが**お見えになりました**。 (見えるは 来るの 경어. 오시다)

(의사 선생님이 오셨습니다)

c) 「ごらんなさい」「いらっしゃい」 등 경어동사를 사용하고 있으나 손아랫사람에 사용하는 명령어에 해당된다. 이 말은 친근감을 나타내는 일도 있으나 경어의 의미는 없다.

⇨ ・おいしいから食べて**ごらんなさい**。 (맛있으니 먹어봐)

・そんなにいやなら、**おやめなさい**。 (그렇게 싫으면 그만둬)

d) 주체가 물건이나 애완동물 등(손윗사람의 것이라도)일 때에는 존경어를 사용하지 않는다.

⇨ ・社長の家には犬が三匹います。 (사장님 집에는 개가 세 마리 있습니다)

・社長はお子さんが三人**いらっしゃいます**。 (いる・ある)

(사장님은 아드님이 셋 계십니다)

e) 「いらっしゃる？」「なさる？」등 여성이 경어동사를 보통체로 사용하는 경우가 있으나 이것은 미화어적(美化語的)으로 사용되고 있는 것으로 경어의 의미는 없다.

⇨ ・来週の音楽会どう**なさる**？　**いらっしゃる**？

(다음주 음악회는 어떡해? 갈 거야?)

② **겸양표현에 관한 주의사항**

a) 「まいる」「申す」「伺う」 등의 겸양표현을 잘못하여 존경표현으로 사용하는 일이 많다.

⇨ ・先生がそう**申しました**(申されました)。→ **おっしゃいました**

(선생님이 그리 말씀하셨습니다) ← 잘못된 표현

b) 「お(ご)〜する／いたす」는 お나 ご가 사용되고 있기 때문인지 잘못하여 존경표현으로 사용되는 일이 있다.

⇨ ・お疲れでしょうから、お先に**お休みしてください。**

→ **お休みなさってください / お休みになってください**

(피곤할 테니 먼저 쉬세요)

c) 「いただく」는 「飲食する」라고 하는 의미로 사용될 때에는 정중어(丁寧語)가 되는 일도 있으나 「もらう」라고 하는 의미로 사용되는 경우에는 겸양어이다. 따라서 손아랫사람으로부터 받을 때나 손윗사람에게 무엇인가를 하도록 말할 때에는 사용하지 않는다.

⇨ ・これは子供から**いただいた**ものです。→ **もらったのです**

(이것은 아이들이 준 것입니다)

・運転免許証は二番の窓口で**いただいてください。**→ **うけとってください**

(운전면허증은 2번 창구에서 받으십시오)

d) 「〜(さ)せていただく」는 「허락을 받고 ～하다」「상대방 덕분에 ～할 수 있다」라고 하는 경우에는 적절한 겸양표현이다. 그러나 단순히 자기의 행위를 정중하게 말하는 경우에도 사용한다.

⇨ ・明日**休む。**(내일 쉰다) → **休ませていただく**

・日本滞在中はいろいろといい経験をした。→ **させていただいた**

(일본 체재 중에는 여러가지 좋은 경험을 했다)

・一言お礼の言葉を**述べる。**→ **述べさせていただく**

(한마디 감사의 말을 하다)

◦ 頭が痛いので、先に**帰る**。→ **帰らせていただく**

(머리가 아파서 먼저 돌아가다)

e) 「さしあげる」는 손윗사람에게 물건을 주기도 하거나 자신의 행위로부터 상대방에게 무엇인가 할 때에 사용하는 겸양어이다. 그러나 1인칭주체의 행위로서는 강요하는 듯한 느낌이 들기도 하므로 「お〜する／いたす」의 형식을 사용하는 편이 좋다.

⇒ ◦ 私は先生にそのニュースを知らせて**さしあげました**。→**おしらせいたしました**

(나는 선생님께 그 소식을 알려드렸습니다)

f) 「かしこまる」「承知する」는 「삼가하여 명령, 지시 등을 받았다, 승락했다」라고 하는 의미로 사용된다.

⇒ 客 ： すみませんが、これ明日の昼までにやってもらえませんか。

(미안합니다만, 이것 내일 정오까지 해주시지 않겠습니까?)

店員 ： **かしこまりました。**

(알겠습니다)

③ **경어를 사용하지 않는 경우**

a) 정중하지 않는 말과 함께는 사용하지 않는다.

⇒ ◦ おいしいから**お食いになってください**。→ **めしあがってください**

(맛있으니 드세요)

b) 관용구・속담은 그대로 사용한다.

⇒ ◦ どこでも**お住みになれば都**です。→ **住めば都**

(어디라도 살면 고향이다)

◦ **住めば都**で先生も当地がお好きになられたようです。

(살면 고향으로 선생님도 이 지방이 좋아지신 것 같습니다)

c) 역사상의 인물, 유명한 사람 등에는 경어를 사용하지 않는다.

⇨ ・こちらは**夏目漱石**さんが学生時代に住んでいらっしゃったところです。

→ **夏目漱石**が学生時代に住んでいたところです

(나쓰메 소세키가 학생 시절에 살던 곳이다)

④ 손윗사람에게 사용할 수 없는 표현

a)「～たい」「～たがる」「～てほしい」등을 사용해서 손윗사람이 원하는 것에 대해서 직접 묻거나 말하거나 할 수 없다.

⇨ ・先生はコーヒーを**飲みたい**ですか。

→ **いかがですか / お飲みになりませんか / めしあがりませんか**

(선생님, 커피는 어떠세요?)

b)「ご苦労様」「お世話様」「ごめんなさい」등은 손윗사람에게 사용할 수 없다.

⇨ ・おつかれさまでした。ありがとうございました。

(수고하셨습니다) (감사합니다)

・おせわになりました。ごめいわくをかけました。

(신세를 끼쳤습니다)

・すみません。申し訳ございません。

(죄송합니다)

★ ごめんなさい : 안에서 사용하는 말. すみません : 밖에서 사용하는 말.

⑤ 문장 전체의 バランス

⇨ ・どこに住んでいらっしゃいませんか。

→ どちらに住んでいらっしゃいますか / どこに住んでいますか。

(어디에 살고 계십니까?)

✱ **가족의 호칭** — 부부(夫妻)에 대한 여러가지 호칭

자신의 부부를 가리킬 때   타인의 부부를 가리킬 때

<table>
<tr><td>

夫、妻
（おっと・つま）

主人、家内
（しゅじん・かない）

亭主、女房
（ていしゅ・にょうぼう）

内の人、かみさん
（うち）

連れ合い
（つ・あ）

</td><td>

ご主人

旦那様（또는 さま）
（だん・な・さん）

ご亭主

奥方、奥様、奥さん
（おくがた・おくさま）

おかみさん

細君
（さいくん）

</td></tr>
</table>

★ **細君** — 남의 아내・자기 아내, 같은 연배 이하의 경우에 씀.

✱ **경어표**

普通語	尊敬語	謙譲語
来る 「오다」	いらっしゃる、みえる 「오시다」	参る（まい） 「오다」
行く 「가다」	いらっしゃる 「가시다」	参る、上がる 「가다」
言う 「말하다」	おっしゃる 「말씀하시다」	申す（もう） 「아뢰다」
いる 「있다」	いらっしゃる 「계시다」	おる 「있다」
する 「하다」	なさる 「하시다」	いたす 「하다」
くれる 「주다」	くださる 「주시다」	

飲む	めしあがる、あがる	いただく
「마시다」	「드시다」	「드시다」
食う	めしあがる、あがる	いただく
「먹다」	「드시다」	「드시다」
着る	召す	
「입다」	「입으시다」	
やる		上げる、差し上げる
「주다」		「드리다」
聞く		うけたまわる、うかがう
「듣다, 묻다」		「삼가 듣다, 여쭙다」
訪ねる		うかがう、上がる
「방문하다」		「찾아뵙다」
もらう		いただく
「받다, 얻다」		「받다, 얻다」
知る		存ずる
「알다」		「알다」
分かる		かしこまる、承知する
「알다」		「알아듣다」
見る	ごらんになる	拝見する
「보다」	「보시다」	「삼가 보다」
見せる		ごらんに入れる
「보여주다」		「보여드리다」
会う		お目にかかる
「만나다」		「만나뵙다」
ある		ござる、ございます
「있다」		「있습니다」

♣ 다음 보기와 같이 인사말에 대한 대답은 무엇인가?

> 【보기】　A)　入ってください。→ どうぞお入りください。

1)　上がってください。→

2)　話してください。→

3)　取ってください。→

4)　使ってください。→

5)　持ってください。→

> 【보기】　B)　何を読んでいますか。→ 何をお読みですか。

1)　何を聞いていますか。→

2)　何を探していますか。→

3)　何を飲んでいますか。→

4)　何を選んでいますか。→

5)　何を書いていますか。→

> 【보기】　C)　何時に帰りますか。→ 何時にお帰りですか。

1)　何時に戻りますか。→

2)　何時に出かけますか。→

3)　何時に着きますか。→

4)　何時に休みますか。→

부록편

서울이라는 곳은 정말 멋진 도시군요.

●학습요점

• 하코네라는 곳은 어떤 곳입니까?
• 몇 미터 정도 될까요?
• 저 타워는 무엇 때문에 만든 것입니까?

● 본문1 ●

친 : 여름방학 계획은 벌써 세웠습니까?
김 : 네, 나는 친구와 하코네에 갈 겁니다.
친 : 하코네란 어떤 곳입니까?
김 : 산이랑 호수가 있고, 매우 좋은 곳입니다.
친 : 그렇습니까? 김씨 일행은 거기서 무엇을
   할 것입니까?
김 : 우리들은 하이킹을 하기도 하고, 호수 옆
   에서 캠프를 하기도 합니다.
친 : 캠프를 할 겁니까? 나도 가고 싶은데.
김 : 그렇습니까? 그럼, 함께 갑시다.

● 본문2 ●

김 : 저것이 서울타워입니다.
다나카 : 높군요. 몇 미터 정도 될까요?
김 : 479미터입니다.
다나카 : 저 타워는 무엇 때문에 만들었습니까?
김 : 종합전파 시설을 겸한 전망탑으로서 만든
   것입니다. 그렇지만 지금은 서울 관광명소의
   하나가 되어 있어요.
다나카 : 위에까지 갈 수 있는 것입니까?
김 : 저기에 엘리베이터가 있으니까, 저것을 타
   고 위의 전망대까지 갈 수 있어요. 가 봅시
   다.
(전망대에서)
다나카 : 와아, 잘 보이는구나.
김 : 잘 보이지요? 저게 한강이고, 서울은 사방

이 산으로 둘러싸여 있어요.
다나카 : 와아, 서울이라는 곳은 정말로 멋진
   도시군요.

문형연습

1. 습관을 바꾸는 일은 상당히 어렵습니다. 그러
   나 건강을 위해서는 규칙바른 생활을 하는 것
   이 가장 중요합니다.
2. A : 루인씨, 이번 휴가 어딘가에 간다고?
   B : 네, 도호쿠 쪽으로 가보려고 생각하고 있
      습니다.
   A : 허어, 좋겠어, 가벼운 기분으로. 또한 일본
      어 공부에도 도움이 될 것이고.
3. 40세라고 하는 연령은 의학적으로 봐서, 성인
   병이 급격히 증가하는 시기이고, 그 이후의 건
   강관리를 위해 중요한 나이입니다. 이 때문에
   요코하마시에서는 올해도 40세 분을 대상으로
   건강진단을 실시합니다.

어서 들어오십시오.

●학습요점

• 잠시 여쭙겠습니다.
• 먼저 들어가십시오.
• 앉으세요.
• 주의하세요.
• 실례합니다.

● 본문1 ●

(거리에서)
김 : 미안합니다, 잠시 여쭙겠습니다.
통행인 : 네, 뭡니까?
김 : 이 근처에 장미마을이라고 하는 아파트 없
   습니까?
통행인 : 글쎄, 나는 이 근방은 그다지 자세히

모릅니다만.

김 : 그렇습니까?

통행인 : 저 가게에서 물어보세요.

김 : 그렇군요. 그럼, 물어보겠습니다. 정말 고맙
습니다.

(가게 앞에서)

김 : 미안합니다만, 이 근처에 장미마을이라고
하는 아파트 없습니까?

상인 : 장미마을 말입니까? 저 꽃집 모퉁이를
오른쪽으로 돌아서 3번째 건물이 장미마을입
니다.

김 : 알겠습니다. 정말 고맙습니다.

상인 : 아니오, 천만에요.

본문2

린 : 실례하겠습니다.

아오키 : 네, 누구십니까?

린 : 린입니다.

아오키 : 아, 린씨. 어서 오세요. 기다리고 있었
습니다.

린 : 안녕하세요.

아오키 : 어서 들어오세요.

린 : 네, 그럼 실례하겠습니다.

아오키 : 이쪽으로 오십시오.(방으로 안내히다)

린 : 네.

아오키 : 이쪽으로 앉아주세요.

린 : 감사합니다.

아오키 : 지금, 차를 끓이겠습니다.

린 : 부디, 신경쓰지 마세요.

문형연습

1. A : 실례합니다.

   B : 네, 누구십니까?

   A : 요코야마입니다.

2. A : 어머, 요코야마 선생님, 어서 오세요. 안으
로 들어오십시오.

   B : 네, 실례하겠습니다.

3. A : 먼저 들어가십시오.

   B : 감사합니다.

4. A : 앉으십시오.

   B : 네, 감사합니다.

5. A : 아무것도 없습니다만, 드십시오.

   B : 부디 신경쓰지 마십시오.

6. A : 한 공기 더 어떻습니까?

   B : 아니오, 이제 됐습니다. 매우 맛있었습니
다. 잘 먹었습니다.

7. A : 정말 폐를 끼쳤습니다.

   B : 아니오, 천만에요.

   A : 실례하겠습니다.

   B : 주의하십시오.

   A : 실례합니다. 안녕히 가십시오.

8. A : 오늘 요코야마 백화점에 내점해 주셔서
정말 감사합니다. 이용 층수를 알려주십시
오.

   B : 5층, 부탁합니다.

   A : 네, 알겠습니다. 5층, 가정잡화, 전기제품,
가구매장입니다.

9. A : 미안합니다. 베어가든에 가려고 합니다만.

   B : 엘리베이터로 옥상까지 올라가 주세요.

한국에 비해서 일본 쪽이 습기가 많은 듯한 느낌이 듭니다.

●학습요점

- 일본과 같이 자기 키를 넘는 것 같은 곳은 드물다고
생각합니다.
- 가을의 맑고, 트인 듯한 푸른 하늘은 매우 멋있습니
다.
- 한번 가보고 싶군요.

본문1

A : 김씨, 한국과 일본에서 기후는 어느 정도
다릅니까?

B : 글쎄요, 한국과 일본은 그다지 차이가 없습
니다만, 한국에 비해 일본 쪽이 습기가 많은
듯한 느낌이 듭니다. 한국도 춘하추동의 사계
가 있기 때문에 기후는 매우 비슷합니다. 단
지 일본은 가늘고 길게 바다로 둘러싸여 있
기 때문에 한국보다 눈이 많은 것 같습니다.

A : 그렇다면 한국은 눈이 적습니까?

B : 그렇지도 않습니다만, 그것 역시 지방에 따
라서 다릅니다. 그렇지만 일본과 같이 자기
키를 넘는 것과 같은 곳은 적다고 생각합니
다.

A : 그렇습니까? 그것은 일본은 일본해를 넘을
때 습한 공기가 되기 때문입니다만, 한국은
대륙성기후이기 때문이죠. 그럼, 여름은 어떻
습니까?

B : 일본보다 조금 늦게 장마철에 들어갑니다
만, 더위는 같은 정도입니다. 단지 일본만큼
무덥지는 않습니다.

A : 나는 더위에는 약합니다만, 한국의 여름은
견딜 만합니까?

B : 아니오, 한국도 꽤 덥습니다. 나 개인적으로
는 가을이 가장 좋다고 생각합니다. 가을의
투명한, 탁 트인 듯한 푸른 창공은 매우 멋있
습니다.

A : 그렇습니까? 한번 가보고 싶군요. 가을은
덥지도 춥지도 않은 계절이고, 독서, 식욕의
계절이기도 하기 때문이죠.

B : 일본과는 이웃나라이니까 한번 오십시오.

본문2

요코야마 : 이번 일요일에, 모두 함께 닛코에
가지 않겠습니까?

와타나베 : 좋습니다. 가을의 닛코는 단풍이 아
름답기 때문이죠. 내가 반 모두에게 연락하겠
어요.

요코야마 : 그러겠습니까? 그럼, 아침 9시에 우
에노역의 中央口에서 모이도록 전해주세요.

와타나베 : 네, 알겠습니다. 그런데 표는 어떻게
할 것입니까?

요코야마 : 내 쪽에서 함께 살 테니까, 인원수
만 알려주세요.

문형연습

1. A : 어머나, 귀여운 인형이 있네.

   B : 정말이군.

   A : 잠깐 상점 안을 보고 싶으니, 모두에게 기
   다려 달라고 말해줘.

   B : 아, 좋아. 그럼 나는 먼저 갈 테니까.

2. A : 무엇을 주문했습니까?

   B : 경단과 차를 여섯씩 주문했습니다.

   A : 차가 다섯밖에 없어요.

   B : 이상하군. 여섯 잔 주문했는데.

   A : 그럼, 한잔 더 가져와 달라고 부탁해 주세
   요.

   B : 네, 알겠습니다.

3. A : 스브로토씨, 당신 나라에도 간장과 같은
   것이 있습니까?

   B : 네, 있습니다.

   A : 역시 생선기름으로 만든 것입니까?

   B : 그렇지는 않습니다.

   A : 무엇으로 만든 것입니까?

   B : 간장과 같이 콩과 소금으로 만듭니다.

4. A : 나카무라씨, 상태가 안 좋은 것 같은데, 괜
   찮아요?

   B : 조금 두통이 나고, 열이 있는 것 같아요.

   A : 그것 안되겠군요. 지금 감기가 유행하고
   있는 것 같으니까, 병원에서 진찰받는 편이
   좋겠어요.

   B : 네, 그렇게 하지요.

5. A : 어떻게 되었습니까?

   B : 어제부터 머리도 아프고, 목도 아픕니다.
   오늘 아침, 열을 재었을 때는 38도 8분이었
   습니다만.

   A : 감기인 것 같군요. 주사를 놓을 테니까, 그

쪽에 앉아주세요. 그리고 3일분의 약을 드
릴 테니까, 하루 3회, 식후에 복용해 주세요.

B : 네, 알겠습니다.

A : 몸조심하세요.

B : 정말 감사합니다.

제24과

날씨가 나빠질 것 같습니다.

●학습요점

• 재미없는 듯한 얼굴을 하고 있군요. 어떻게 되었습니
까?

• 비도 내릴 것 같았습니다.

• 흐려서 보일 것 같지 않을 때는 집에 있습니다.

• 아직 비는 내릴 것 같지 않았습니다.

● 본문1 ●

김 : 재미없는 듯한 얼굴을 하고 있군요. 무슨
일 있습니까?

무라다 : 내일 산에 갈려고 생각하고 있는데,
오늘밤부터 날씨가 나빠질 것 같지요?

김 : 그런 것 같군요. 아까부터 갑자기 바람이
강해져서, 비도 내릴 것 같아졌습니다. 태풍
이 다가오고 있기 때문이겠지요. 어디에 갈
예정입니까?

무라다 : 후지산입니다.

김 : 날씨가 나쁠 때에 산에 가는 것은 위험해
요. 요전에도 나의 친구 중에 조난당할 뻔한
사람이 있습니다.

무라다 : 어떻게 된 것입니까?

김 : 미끄러워 굴렀기 때문에, 바위에서 미끄러
져 떨어질 뻔했어요.

무라다 : 그랬습니까? 위험했군요. 비에 젖으면
바위가 많은 곳은 미끄러지기 쉬워서 위험합
니다. 유감스럽지만, 내일 가는 것은 그만두
겠습니다.

김 : 그러는 편이 좋겠군요. 날씨가 좋아지고

나서 나가면 좋겠지요.

무라다 : 네, 그렇게 합시다.

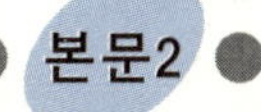

● 본문2 ●

다니가와 : 우리집에서는, 매년 제야의 종을 듣
고 나서 가족이 모여 신사에 갑니다.

린 : 메이지신궁 말입니까?

다니가와 : 아니오, 거기는 혼잡하고 멀기 때문
에 집 가까이 있는 신사에 갑니다만, 대개 참
배하기까지 2시간 정도 줄서지 않으면 안됩
니다.

린 : 새해 첫날 해돋이도 보러 갑니까?

다니가와 : 맑을 것 같은 해에는 보러 갑니다
만, 흐려서 보일 것 같지 않을 때는, 집에서
도시코시소바를 먹으면서 신년을 맞이합니다.

문형연습

1. A : 예쁜 과자군요.

 B : 아까 다나카씨에게 받은 것입니다. 맛있을
것 같지요? 많이 있으니까 조금 드리지요.

 A : 정말 고맙습니다. 그러면 사양않고 받겠습
니다.

2. A : 일본의 과자는 정말 예쁘군요.

 B : 일본과자 좋아합니까?

 A : 네, 그러나 나에게는 좀 단 것 같습니다.
그것도 달 것 같군요.

 B : 당신은 매운 것 쪽을 좋아합니까?

 A : 네, 매운 편을 좋아합니다. 그렇지만 술은
그다지 마시지 않습니다.

3. A : 어느것이 좋습니까? 어느것인가 좋아하는
것을 골라주세요.

 B : 이것이 그다지 달지 않을 것 같군요. 이것
을 받겠습니다.

 A : 그렇겠군요. 당신에게는 이것이 좋을 것
같군요.

4. A : 설은 일본에서 보내려고 생각하고 있습니
다만, 보통, 설날에는 무엇을 합니까?

B : 어느 집에서나 설 음식을 만듭니다. 그리
　　고 새해 첫 참배를 하러 가기도 하고, 신년
　　인사로 친구집을 방문하거나, 연하장을 읽
　　기도 합니다.

A : 즐겁겠군요.

B : 네

5. A : 와아, 맛있겠군요. 이것은 뭐라고 하는 요
　　리입니까?

B :「오조니」라고 합니다. 지방에 따라서 맛이
　　다릅니다만, 우리집에서는 간장으로 맛을
　　냅니다.

A : 이것, 전부 메구미씨가 만든 것입니까?

B : 아니오, 나는 요리는 그다지 잘하지 못하
　　기 때문에 엄마가 거의 다 만들어 주신 것
　　입니다. 드세요. 사양말고 좋아하는 것은 집
　　어주세요.

A : 네, 들겠습니다.

6. 오늘은 아침부터 이미 흐려 있었으나, 아직 비
　는 내릴 것 같지 않았습니다. 그러나 점심때가
　되자 하늘이 새까맣게 되어, 당장이라도 비가
　내리기 시작할 것 같았습니다. 바람도 갑자기
　세어졌습니다. 옥상의 안테나가 넘어질 것같이
　흔들리고 있습니다. 태풍이 다가오고 있는 것
　입니다.

제25과

회갑잔치를 하셨다 한다.

● **학습요점**
- 지금도 한달에 한번은 골프를 하신다고 하고……
- 그래서 지금은 그렇게 좋아하셨던 담배도 끊으셨고,
- 그렇지만 건강해지셔서 다행 아닙니까?
- 어젯저녁 오토바이 소리가 시끄러워서, 거의 자지 못
　했습니다.
- 그리고 나서 거의 잘 수 없었던 것입니다.
- 나는 말이지 운전을 하고 있지 않은데도, 오랫동안
　옆에 앉아 있는 것만으로도 피곤했어.

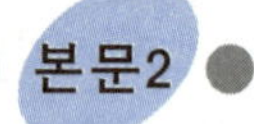

아사노 : 그런데 이노우에 선생님은 건강해 보
　　　　였습니까?

다니가와 : 네, 건강해 보였습니다. 지금도 월1
　　　　회는 골프를 하신다고 하고, 말투도 옛날에
　　　　우리들에게 수학을 가르쳐 주셨던 때 그대로
　　　　였습니다.

아사노 : 그렇습니까? 그것 무엇보다도 반갑군
　　　　요.

다니가와 : 그렇지만 작년 겨울에 간장이 나빠
　　　　지셔서, 4개월 정도 입원해 계셨다고 합니다.

아사노 : 그것 몰랐습니다.

다니가와 : 그래서 지금은 그렇게 좋아하셨던
　　　　담배도 끊으셨고, 술도 한 방울도 드시지 않
　　　　는다고 합니다.

아사노 : 허어, 그것 놀랍군요. 그렇지만 건강해
　　　　지셔서 다행이지 않습니까? 이번에 편지라도
　　　　써보기로 해야겠습니다.

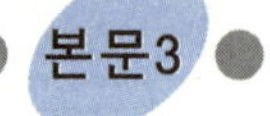

고바야시 : 이토씨, 어떻게 된 일입니까? 눈이
　　　　새빨갛군요.

이토 : 어젯저녁 오토바이 소리가 시끄러웠기
　　　　때문에, 거의 자지 못했습니다.

고바야시 : 폭주족 때문입니까?

이토 : 네. 더웠기 때문에 창문을 열어놓고 잤
　　　　습니다만, 한밤중 2, 3시에 굉장한 소리가 나
　　　　고, 그리고 나서 전혀 잘 수 없었던 것입니
　　　　다.

고바야시 : 그것 대단했겠군요. 폭주족은 자주
　　　　지나갑니까?

이토 : 네, 집이 바다에서 가깝기 때문에 여름
　　　　은 특히 폭주족이 많아 골칫거리입니다.

● **본문3** ●

나카무라 : 운전, 피곤하지요?

와타나베 : 아니, 그렇지도 않아요. 그렇지만 비가 오는 날은 창문이 흐리고, 앞이 잘 안 보이기 때문에 눈이 피곤해요.

나카무라 : 나는 말이지 운전하고 있지 않은데도, 오랫동안 옆자리에 앉아 있기만 해도 피곤해요.

와타나베 : 아, 그것 알 것 같군. 나도 다른 사람 차에 타고 있는 것보다 자기가 직접 운전하고 있는 편이 피곤하지 않아요.

나카무라 : 모두 마찬가지군요.

문형연습

1. A : 우리 과장, 드디어 지바 쪽에 집을 짓는다고 합니다.

   B : 허, 굉장하구나. 단독주택입니까?

   A : 네, 5년 정도 전부터 마당이 딸린 집에 살고 싶다, 살고 싶다라고 줄곧 말하고 있었어요.

   B : 그럼, 겨우 꿈이 이루어진 것이로군요.

2. A : 일본의 축제로 유명한 것은 무엇입니까?

   B : 아오모리의 네부타마츠리나, 교토의 기원마츠리 등입니다. 멀리 살고 있는 사람도 일부러 보러간다고 합니다.

3. A : 기원마츠리라고 하는 것은, 나도 사진에서 보거나 듣거나 한 적이 있습니다만, 반주 음악소리가 재미있다고 하는군요.

   B : 네, 나도 간 적이 없기 때문에 잘 모릅니다만, 가본 사람의 이야기에 의하면 정말로 「콘콘치키친……」라고 들린다고 합니다.

4. A : 그렇습니까? 올해의 축제는 언제입니까?

   B : 이번 일요일이라고 합니다. 함께 가지 않겠습니까?

   A : 네, 꼭 가보고 싶습니다. 저, 김씨도 보고 싶다고 하니까, 권해도 괜찮겠습니까?

   B : 물론 상관없습니다. 축제는 사람이 많이 가는 편이 즐겁기 때문이죠.

5. A : 어제와 오늘 아사쿠사의 여름축제가 있다고 합니다만, 당신은 벌써 갔었습니까?

   B : 아니오, 아직 안 갔습니다. 축제는 아직 본 적이 없습니다.

   A : TV 뉴스에 의하면, 어제 하루만 해도 굉장한 인파였다고 합니다. 오늘은 불꽃놀이도 있다고 하니까, 어제보다 더 많겠네요.

6. A : 자, 오늘밤, 한잔 같이 안 하겠나?

   B : 허, 웬일이지? 언제나 별로 마시고 싶어하지 않더니.

   A : 가끔은 마시고 싶어질 때도 있는 거야.

7. A : 수도 고속도로가 약 4킬로나 정체라네.

   B : 모처럼 고속도로로 들어왔는데, 4킬로나 정체되어 있다니.

   A : 항상 붐비고 있는데, 게다가 공사중이라니, 상당히 시간이 걸릴 것 같군.

   B : 그럼, 다음 출구에서 내릴까?

   A : 그러는 편이 낫겠군.

8. A : 요전에 고등학교를 졸업하고 처음으로 동창회가 있었는데, 자네, 안 오지 않았던가?

   B : 유감스럽게 출장 가 있어서 나올 수 없었던 거요. 자네 갔었겠지? 많이 모였던가?

   A : 응, 반의 3분의 2 정도가 와 있었지. 그리고 이노우에 선생님도 오셨어.

   B : 허, 이노우에 선생님도. 몇 년 만인가.

   A : 응. 졸업하고 꼭 6년째야. 선생님은 올해 60세로 회갑 잔치를 하셨다고 해.

9. A : 요즈음 더워서 몸 상태가 좋지 않습니다.

   B : 좋은 비타민제를 가지고 있는데 드릴까요?

   A : 네, 부탁합니다. 외식이 많으므로, 야채나 과일을 될 수 있는 한 먹도록 하고는 있지만.

   B : 아직도 계속 더워질 터이니, 더위 타지 않도록 해주세요.

   A : 네, 내일은 일요일이므로, 책이라도 읽고 느긋하게 쉬려고 생각하고 있습니다.

아직 잘 모르겠습니다만
대개 그럴 거라고 생각합니다.

●학습요점

• 나는 외국어대학 시험을 치려고 생각하고 있습니다.
• 글쎄, 들어갈 수 있을지 어떨지 모르겠습니다.
• 4,5명일 거라고 생각합니다.

● 본문 ●

A : 나는 외국어대학의 시험을 치려고 생각하고 있습니다.

B : 그렇습니까? 외국어대학 시험은 어렵겠지요?

A : 네, 매우 어렵다고 합니다.

B : 시험은 11월입니까?

A : 아직 잘 모르겠습니다만, 아마 12월 초일 거라고 생각합니다.

B : 이쪽의 학생과 같은 시험은 아니겠지요?

A : 네, 그럴 거라고 생각합니다.

B : 당신은 꼭 들어갈 수 있어요.

A : 글쎄, 들어갈 수 있을지 어떨지 모르겠습니다.

B : 외국인을 위한 시험을 치는 사람은 많습니까?

A : 아직 확실한 것은 모르겠습니다만, 올해는 매우 많은 것 같습니다.

B : 30명 정도입니까?

A : 더 많겠지요.

B : 그래서, 몇 명 정도 들어갑니까?

A : 4,5명일 거라고 생각합니다.

B : 대단하군요. 바짝 정신차려 하세요.

A : 고맙습니다. 분발하겠습니다.

1. A : 작년 여름방학은 어떻게 지냈습니까?
   B : 중국에 돌아갔습니다.
   A : 올해는 어떻게 할 겁니까?
   B : 올해도 중국에 돌아가려고 생각합니다.

2. A : 이번 주말은 어떻게 할 겁니까?
   B : 뭔가 운동을 하려고 생각합니다.

3. A : 내일은 어떻게 할 겁니까?
   B : 내일도 또, 여기에 오려고 생각합니다.

4. A : 당신은 오늘 아침 학교에 늦었군요.
   B : 네, 10분 정도 지각했습니다.
   A : 어째서입니까? 아침 늦잠을 잤습니까?
   B : 아니오, 전차 고장이 있었기 때문입니다.
   A : 어떤 고장입니까? 전차의 고장입니까?
   B : 잘 모르겠습니다만, 그렇지는 않을 거라고 생각합니다.

5. A : 전차는 혼잡했습니까?
   B : 내가 타고 있던 전차는 그다지 혼잡하지 않았기 때문에 다행이었으나, 복잡한 전차에 타고 있던 사람은 힘들었을 거라고 생각합니다.

6. A : 내일 시험이 있는지 없는지 알고 있습니까?
   B : 아니오, 시험이 있는지 없는지 모르겠습니다.

7. A : 일요일에 외출하는지 안 하는지 알고 있습니까?
   B : 아니오, 일요일에 외출하는지 안 하는지 모르겠습니다.

8. A : 뭔가 갖고 싶은 것이 있습니까?
   B : 아니오, 아무것도 없습니다.

9. A : 누군가 펜을 빌려주세요.
   B : 나의 것을 쓰세요.

10. A : 어디서 차라도 마시지 않겠습니까?
    B : 그렇군요. 「十番館」은 어떻습니까?

꼭 1년 지났습니다.

●학습요점
• 지난주 막 만났습니다.

● 본문 ●

김 : 아버지는 무엇을 하고 있습니까?

아이자와 : 상사에 근무하고 있습니다. 지금은 오사카 지사에 근무하고 있습니다만.

김 : 그렇습니까. 그럼, 아버지는 단신부임입니까?

아이자와 : 네, 전에는, 아버지 전근 때마다 우리들도 이사했었으나, 재작년 지바에 집을 지었기 때문에, 아버지는 단신부임을 하게 되었습니다.

김 : 아버지와는 어느 정도 만나고 있습니까?

아이자와 : 지난주 막 만났습니다. 나는 지금, 수험 공부하고 있기 때문에, 그다지 만날 수 없습니다만.

김 : 그렇습니까? 언제쯤 함께 살 수 있게 됩니까?

아이자와 : 아직 잘 모르겠습니다만, 아마 내년이나 내후년일 거라고 생각합니다.

문형연습

1. A : 일본에서는 단신부임을 해야만 하는 샐러리맨이 많다고 하는데, 정말입니까?

   B : 그렇습니다. 최근에는 일본 국내에서만이 아니라, 해외근무 때에도 단신부임을 하는 일이 많아졌습니다.

   A : 일본의 샐러리맨은 힘들겠군요.

   B : 네, 내 동료도 지난달 홋카이도에 전근했으나, 가족은 아이의 학교가 끝나는 3월까지, 도쿄에 있을 거라고 합니다.

2. A : 단신부임하고 나서, 얼마쯤 지났습니까?

   B : 꼭 1년 지났습니다.

   A : 가장 괴로웠던 일은 무엇입니까?

   B : 역시, 집안일을 해주는 사람이 없는 것입니다. 아무도 없는 방으로 돌아가는 것은 쓸쓸한 일이에요.

3. A : 벌써 읽고 있습니까?

   B : 아니오, 아직 읽고 있지 않습니다. 지금부터 읽을 참입니다.

4. A : 아직 읽고 있습니까?

   B : 네, 아직 읽고 있습니다. 지금 읽고 있는 중입니다.

5. A : 벌써 읽었습니까?

   B : 네, 벌써 읽었습니다. 지금 막 읽었습니다.

아무래도 감기가 든 것 같습니다.

●학습요점
• 일본은 한국보다 더웠던 것 같습니다.
• 여기의 겨울은 일본보다 훨씬 추웠던 것 같습니다.
• 아직 그치지 않은 것 같습니다.
• 매일 장마와 같이 잘 내리는군요.
• 일기예보에 의하면, 내일도 비가 온다고 합니다.

● 본문1 ●

A : 작년 여름은 정말로 더웠습니다. 한국은 어땠습니까?

B : 한국은 그렇게까지 덥지 않았습니다.

A : 일본은 역시 한국보다 더웠던 것 같습니다.

B : 그럴지도 모르겠습니다. 그렇지만 그 대신 이쪽의 겨울은 일본보다 훨씬 추웠던 것 같아요. 대단한 추위였습니다.

A : 그렇습니까? 일본은 여름이 더웠던 대신 겨울은 의외로 따뜻했던 것 같습니다.

본문2

고바야시 : 비는 아직도 내리고 있습니까?

아오야마 : 네, 아직 그치지 않은 것 같습니다. 모두 우산을 쓰고 걷고 있어요.

고바야시 : 매일 장마와 같이 잘 내리는군요.

아오야마 : 일기예보에 의하면 내일도 비가 온다고 합니다.

고바야시 : 정말 싫군요. 조금 날씨가 쌀쌀하지 않습니까?

아오야마 : 그렇습니까? 나는 별로 쌀쌀해졌다고는 생각지 않습니다만, 이상하군요. 열이라도 있는 것이 아닐까요?

고바야시 : 네, 아무래도 감기가 든 것 같습니다. 아까부터 목이 아파서 견딜 수 없습니다.

아오야마 : 그렇습니까? 그것 안되겠군요. 필시 날씨가 고르지 않기 때문일 거예요. 그렇다면 오늘은 빨리 돌아가 쉬세요.

고바야시 : 고맙습니다. 당신은 아직 안 돌아갑니까?

아오야마 : 나는 좀더 남아 있겠습니다.

고바야시 : 그렇다면, 먼저.

아오야마 : 부디 몸조심하세요.

문형연습

1. A : 아니, 큰일이다. 엘리베이터의 비상램프가 켜져 있어.

   B : 어떻게 된 것입니까?

   A : 고장난 것 같군요. 즉시 담당자를 부르세요.

2. A : 어찌 된 일입니까?

   B : 고장인 것 같습니다만, 엘리베이터가 멈춰 있습니다.

   A : 그렇습니까? 지금, 조사해볼 테니까, 잠시 기다려주세요. ……감사합니다. 모터가 망가진 것 같군요. 바로 고칠 수 있다고 생각합니다만.

   B : 네, 될 수 있는 한 빨리 부탁합니다.

3. A : 곧 움직일 것 같습니다.

   B : 엘리베이터 안에 있는 사람은, 덥고 큰일일 테니까, 빨리 나오게 하고 싶군요.

   A : 그렇지요.

   B : 아, 움직였다.

   A : 고친 것 같군요.

   B : 와아, 다행이다. 다행.

4. A : 옆방에 누가 있는 건가?

   B : 글쎄.

   A : 소리가 들리지 않는가?

   B : 아, 누군가가 있는 것 같군요.

5. 오늘은 따뜻해서 봄 같은 날씨입니다.

6. 일기예보에 의하면, 비가 온다고 합니다.

7. 신문에 의하면, 브라질에서는 큰 지진이 있었다 합니다.

8. 야나기하라 선생님의 편지에 의하면, 프랑스는 음식이 매우 맛있다고 합니다.

9. 고바야시씨의 이야기에 의하면, 다나카씨의 아기는 남자아이라고 합니다.

제29과

추워지면 점점 더 아침에는 일어나기 힘들어집니다.

●학습요점

• 5시 반경이 되면 벌써 캄캄해집니다.

• 이 근방은 비가 오면 길이 나빠집니다.

• 낮의 길이가 1년 중에서 가장 짧아집니다.

• 걸어서 가면 몇 분 정도 걸립니까?

● 본문 ●

유학생 : 요즈음은 해가 꽤 짧아졌군요.

일본인 : 그렇군요. 5시 반경이 되면 벌써 캄캄해집니다.

유학생 : 여름철에는 7시가 다 되어도 테니스를 칠 수 있었는데, 요즈음은 5시가 되면 공이

잘 보이지 않게 됩니다.

일본인 : 날이 새는 것도 늦어졌어요.

유학생 : 그렇습니까. 나는 늦잠꾸러기이기 때문에 눈이 뜨였을 때는 벌써 밝아 있습니다.

일본인 : 매일 아침 몇 시경에 일어납니까?

유학생 : 대개 7시 반경입니다.

일본인 : 그래요? 나도 아침에는 일찍 못 일어납니다. 추워지면 아침에는 점점 더 못 일어나게 됩니다. 앞으로 점차 추워지겠군요. 해가 지는 것도 점점 빨라져서, 12월 22일, 23일경에는 낮의 길이가 1년 중에서 가장 짧아집니다.

1. 이 부근은 비가 내리면 길이 나빠집니다.
   당신의 집 근처도 비가 오면 길이 나빠집니까?
   나의 집 근처는 비가 와도 길이 나빠지지 않습니다.

2. 이 주위는 밤이 되면 매우 삭막해집니다.
   당신 집 근처도 밤이 되면 삭막해집니까?
   나의 집 근처는 밤이 되어도 쓸쓸해지지 않습니다.
   10시경까지 번화합니다.

3. 이 버스는 몇 시경까지 있습니까?
   이 버스는 9시경까지 있습니다.
   전차도 9시가 되면 끊깁니까?
   전차는 9시가 되어도 끊기지 않습니다. 11시경까지 있습니다.

4. 당신의 집까지 걸어가면, 몇 분 정도 걸립니까?
   걸어서 가면 15분 정도 걸립니다.
   버스로 가면 어느 정도 걸립니까?
   버스로 가면 5분 정도로 갈 수 있습니다.

5. 좀더 가까운 곳은 없습니까?
   있긴 있습니다만, 집세가 조금 비쌀 거라고 생각합니다.

6. 아직 10시인데, 벌써 자버립니까?

네, 일찍 자지 않으면, 내일 아침 5시 반에 일어날 수 없기 때문입니다.

7. 마감까지 앞으로 이틀밖에 없어요.
   그럼, 좀더 서둘지 않으면, 시간에 맞출 수 없겠군.

8. 단풍도 이제 끝나가는군요.
   네, 앞으로 추워질 거라고 생각하니 싫습니다.

9. 설탕을 3스푼이나 넣으면 너무 달지 않겠습니까?
   아뇨, 나는 커피는 달지 않으면 못 마셔요.

10. 당신은 여러가지 스포츠를 할 수 있군요.
    네, 시작해보면 뭐든지 재미있어요.

밤이 아니면 공부가 되지 않습니다.

● **학습요점**
- 당신은 매일밤 늦게까지 일어나 있는 것 같군요.
- 아침 일찍 나가지 않으면 안되는 때는 늦게까지 자고 있거나, 낮잠을 자거나 할 수는 없겠지요.

● **본문** ●

우에다 : 당신은 매일 밤 늦게까지 일어나 있는 것 같군요. 칠야를 하는 일도 있습니까?

지바 : 아니오, 3시경까지 깨어 있는 일은 있습니다만, 철야를 하는 일은 없습니다.

우에다 : 어젯저녁도 꽤 늦게까지 일어나 있었던 것 같더군요.

지바 : 아, 어젯저녁은 전등 끄는 것을 잊고 자버렸던 것입니다. 그렇게 늦게까지는 깨어 있지 않았습니다.

우에다 : 그렇습니까? 너무 늦게까지 깨어 있는 날이 계속되면 수면 부족이 되지 않습니까?

지바 : 아니오, 그렇지도 않습니다. 늦게 자는 대신에 아침에는 느긋하게 있을 수 있고, 오후부터 낮잠을 잘 수도 있으니까.

우에다 : 그러나 아침 일찍 나가지 않으면 안되
　　　 는 때에는 늦게까지 자고 있거나, 낮잠을 자
　　　 거나 할 수는 없겠지요?

지바 : 네, 그럴 때에는 전날 밤 일찍 잡니다.

우에다 : 어쨌든, 너무 불규칙한 생활은 좋지
　　　 않습니다.

지바 : 네, 그렇지만 오랫동안 습관으로 밤이
　　　 아니면 공부가 되지 않습니다.

우에다 : 나도 학생 시절에는 자주 밤늦게까지
　　　 자지 않고 있었으나, 셀러리맨이 되고 나서는
　　　 그러한 일은 없습니다. 잠 부족으로 회사에
　　　 가면, 책상에 앉은 채로 깜박 졸아버리기도
　　　 합니다.

지바 : 일찍 자는 편이 건강을 위해 좋습니다.
　　　 나도 될 수 있는 한 일찍 자는 습관을 들이
　　　 지요.

문형연습

1. A : 취미라고 하는 것은 누군가가 억지로 권
　　 한다고 해서 되는 것은 아닙니다. 그렇기
　　 때문에 대개 취미를 물으면 그 사람의 생활
　　 도 알 수 있게 되는 것 같습니다. 게다가 취
　　 미는 생활을 풍요롭게 하는 것으로서 매우
　　 중요한 것이라고 생각합니다.

　 B : 그렇군요. 나이를 먹어감에 따라서 취미는
　　 빼놓을 수 없는 것이 되지요. 노후에 취미
　　 가 사는 보람이 될지도 모르기 때문이지요.

2. A : 아직 깨끗한 것 같은데, 세우고 나서 몇
　　 년이 됩니까?

　 B : 1년 조금 넘었습니다.

　 A : 별드는 것은 어떻습니까?

　 B : 남향이기 때문에 좋은 것 같습니다. 벽장
　　 이 조금 좁은 것 같지만, 꽤 괜찮습니다.

　 A : 언제까지 정하지 않으면 안됩니까?

　 B : 될 수 있는 한 빨리 부탁합니다.

　 A : 그럼, 오늘중으로 연락하겠습니다.

3. A : 비어 있다면, 그 찻집에 들어가지 않겠습
　　 니까?

　 B : 네, 아마 비어 있을 겁니다.

4. A : 김씨, 당신은 만년필을 살 겁니까?

　 B : 나는 사고 싶습니다.

　 A : 가격이 비싸도 살 겁니까?

　 B : 가격이 비싸도 물건만 좋다면 살 겁니다.

　 A : 아무리 비싸도 살 겁니까?

　 B : 너무 비싸면 안 삽니다.

5. 김씨, 당신은 만년필을 살 겁니까, 안 살 겁니
　 까?

　 정씨가 산다면 나도 삽니다.

　 정씨가 사지 않으면 당신은 안 살 겁니까?

　 정씨가 사지 않으면 나도 안 삽니다.

　 이씨가 사도, 정씨가 안 사면 당신은 안 살 겁
　　 니까?

　 이씨가 사도 정씨가 사지 않으면 나는 안 삽니
　　 다.

6. 하코네는 유명한 관광지입니다.

　 하코네에는 산도 있고, 호수도 있습니다.

　 날씨가 좋으면 후지산도 잘 보이고, 매우 경치
　　 가 좋은 곳입니다.

　 도쿄에서부터 가깝고, 온천도 많이 있기 때문
　　 에 휴가 때에는 놀러가는 사람이 많습니다.

제31과

만일 열려 있다면,
감기약을 사와 주세요.

● **학습요점**
- 일본의 아이들은 몇 세가 되면 학교에 다니기 시작
　 합니까?
- 꼭 도움이 될 거라고 생각합니다.
- 다나카씨에게 전화가 걸려오면, 나중에 이쪽에서 전
　 화한다고 말해주세요.
- 대개 하고 있을 거라 생각합니다.
- 그렇지만 휴업이라면 책방 옆 가게에서라도 상관없
　 습니다.

● **본문1** ●

마이클 : 일본의 아이들은 몇 살이 되면 학교에
  다니기 시작합니까?

요코야마 : 6세부터입니다. 의무교육이라해서,
  초등학교 6년간, 중학교에 3년간 다니지 않으
  면 안됩니다. 그리고 중학교를 졸업한 대부분
  이 고등학교에 갑니다.

마이클 : 고등학교를 졸업하면 어떻게 합니까?

요코야마 : 바로 취직하는 사람도 있고, 대학에
  서 공부하는 사람도 있어요. 대학에는 4년제
  외에 2년제 단기대학이랑 전수학교라고 하는
  것도 있습니다.

마이클 : 그 전수학교라고 하는 것은 무엇입니
  까?

요코야마 : 중학교를 졸업한 사람부터 사회인,
  주부까지, 연령이나 학력에 관계없이 공부할
  수 있는 학교입니다. 그중에는 컴퓨터나 디자
  인 등 전문적인 것만을 공부하는 전문학교라
  고 하는 것도 있습니다. 예를 들면, 아나운서
  가 되고 싶은 사람이 있으면, 발음 연습이랑
  발성법이나 뉴스를 읽는 방법 등을 공부하기
  도 합니다.

마이클 : 그렇습니까? 나도 컴퓨터를 전문적으
  로 공부해보고 싶다고 생각하고 있습니다만.

요코야마 : 그렇다면 좀 조사해 보는 것이 어떨
  지. 반드시 도움이 될 거라고 생각해요.

마이클 : 네, 그렇게 해보겠습니다.

요코야마 : 젊기 때문에 여러가지로 도전해 보
  는 것이 좋은 거에요. 힘내세요.

● **본문2** ●

오모리 : 역전의 책방까지만 갔다오겠습니다만,
  다나카씨로부터 전화가 걸려온다면, 나중에
  이쪽에서부터 건다고 말해주세요.

고야마 : 네, 다녀오십시오.

오모리 : 무언가 사올 것은 없습니까?

고야마 : 글쎄요. 오늘은 일요일이지요. 약국은
  쉴까요?

오모리 : 대개 하고 있을 거라고 생각합니다.

고야마 : 그럼, 만일 열려 있다면 감기약을 사
  와 주세요.

오모리 : 책방의 옆 약국에서도 괜찮습니까?

고야마 : 슈퍼마켓 앞에도 한 집 있지요. 거기
  의 약국이 쌉니다. 그렇지만 휴업이라면, 책
  방 옆 가게에서도 상관없습니다.

오모리 : 그렇습니까? 감기약 말이죠.

고야마 : 네, 그렇습니다. 부탁합니다.

오모리 : 네, 그럼 갔다오겠습니다.

1. A : 바로 돌아갈 겁니까? 시간이 있다면, 그
    근처에서 차라도 마시고 돌아가지 않겠습니
    까? 잠시 상의하고 싶은 일이 있습니다.

   B : 어떤 일입니까?

   A : 야마나카씨 집에 아기가 태어났습니다. 그
    래서 뭔가 축하선물을 드렸으면 합니다.

   B : 그렇습니까? 전혀 몰랐습니다. 언제입니
    까?

   A : 지난주 월요일입니다. 남자아이에요.

   B : 그렇다면, 당장 무엇을 드릴지 상담합시
    다.

2. A : 한국에 돌아갈 때, 가족에게 무언가 선물
    을 사가고 싶습니다만, 무엇을 사면 좋을까
    요?

   B : 일본스러운 것이 좋겠지요?

   A : 네, 그 편이 좋아할 것이라고 생각합니다.

   B : 일본 인형이나 수건 등은 어떻습니까?

   A : 어디서 찾으면 좋을까요? 그다지 잘 모릅
    니다만.

   B : 그것이라면, 좋은 가게를 알고 있으니까
    이번에 같이 가 드리겠어요.

   A : 네, 꼭 부탁합니다.

3. A : 와아, 재미있어 보이는 물건이 많이 있군

요. 어느것도 다 좋아 보이니, 이렇게 많으
면 망설이게 돼요.

B : 그렇군요. 여자아이에게 줄 거라면, 종이
접기로 만든 인형이나 빗은 어떻습니까?

A : 네, 여자동생에게는 인형을 하겠습니다.
부모님에게는 무엇이 좋을까요?

B : 글쎄요. 부채는 어떻습니까? 그 유리선반
에 진열되어 있어요. 예쁜 것이 있으면 보
여달라고 할까요?

A : 네, 싸다면 나도 사고 싶습니다만.

4. A : 상당히 많이 사는군요.

B : 네, 친구에게도 주고 싶어서요.

A : 무겁겠네요. 배달해 달라고 하는 것이 어
떻습니까?

B : 네, 그렇게 하지요.

5. A : 이것은 요전에 우에다씨가 읽고 싶다고
말하던 책입니까?

B : 그렇습니다. 재미있는 책이에요.

A : 우에다씨가 다 읽으면, 나에게도 빌려주세
요.

B : 네, 그러세요.

6. A : 김씨, 당신은 어떻게 할 것입니까?

B : 나는 누군가가 사면, 그것을 빌려달라고
하겠습니다. 그리고 만일 쓰기 좋다면, 나도
사려고 생각합니다.

7. A : 나, 내년부터 한국어를 배우려고 생각합니
다만, 무엇인가 좋은 교과서를 알고 있습니
까? 읽기도 하고 쓰기도 할 수 있게 되었으
면 좋겠습니다.

B : 그럼, 요다음 김씨를 만났을 때 상의합시
다. 내주 화요일 정도가 되리라 생각합니다
만, 그래도 좋습니까?

A : 네, 꼭 부탁합니다.

8. A : 김씨, 언제쯤 한국에 돌아갑니까?

B : 일본의 회사에서 5년 정도 일하고 나서,
돌아가려고 생각합니다.

A : 지금 일본에서 어떤 일을 하고 있습니까?

B : 컴퓨터 프로그래머입니다.

A : 그렇습니까? 그럼, 한국에 돌아가고 나서
는요?

B : 지금의 일을 계속하려고 생각하고 있습니
다. 그리고 나서 한국의 학생들에게 일본어
를 가르치고 싶다고도 생각합니다.

A : 분발해 주세요.

B : 네, 감사합니다.

제32과

이번 여행이 1박 여행이라면 좋겠으나.

●**학습요점**
• 그 정도 갖추고 있는 사람을 만나는 것은, 매우 힘들
겠군.
• 토요일이라면 오후는 수업이 없기 때문에 1시부터
한가해요.
• 좋아요. 요리라면 무엇이라도 만들 수 있으니까.
• 이번주는 만날 수 있을지 어떨지 모르겠습니다만, 다
음주라면 반드시 만날 수 있을 거라고 생각합니다.

● **본문1** ●

모리 : 다음주 초에 여행가는 것을 알고 있습니
까?

김 : 아, 하코네 여행 말이군요. 어제 고바야시
씨에게 들었습니다. 당신은 갈 겁니까?

모리 : 네, 갈 생각입니다. 당신은?

김 : 당신이 간다면 나도 가려고 생각하고 있었
습니다.

모리 : 그럼, 갑시다. 안씨도 참가한다고 했어요.

김 : 그렇습니까? 박씨도 갑니까?

모리 : 글쎄, 모르겠습니다.

김 : 모두가 간다면 즐겁겠군요. 그러나 이번
여행이 1박 여행이라면 좋겠으나, 당일 여행
이라면 느긋하게 구경을 할 수 없겠지요.

모리 : 특급을 탄다면 1시간 정도밖에 걸리지
않고, 그쪽에 가서도 버스로 돌기 때문에 괜

잖아요.

김 : 그렇습니까? 날씨가 좋으면 후지산이 멋있
겠지요?

모리 : 네, 날씨가 좋으면 도쿄 시내를 나오면,
이미 전차 창문에서도 잘 보입니다.

본문2

김부인 : 일본인은 대학을 졸업하면 바로 결혼
해 버린다지요?

가마노 : 아니오, 그런 일 없어요. 그렇지만 결
혼 적령기라고 하는 것이 있어서요.

김부인 : 뭐죠? 결혼 적령기라고 하는 것은.

가마노 : 여자라면 25세 정도까지, 남자라면 30
세 정도까지 결혼하는 것이 일반적인 것이에
요. 일본에서는 그렇기 때문에 이 나이가 되
면 아직 결혼하지 않는가라고 해서 귀찮은
겁니다.

김부인 : 그래서.

가마노 : 나, 29살이지요? 그래서 선보는 이야기
가 많아서 말이죠. 부모는 중매 사진을 보고,
이 사람으로 한다면, 등등 멋대로 정해 버리
기도 하고.

김부인 : 그래서 선보지 않고 전부 거절해 버리
는 거에요? 당신은?

가마노 : 뭐. 가능하면 연예 결혼하고 싶어요.
나, 로맨티스트이지요. 자기 스스로 찾고 싶
은 거에요, 자기 신부는.

김부인 : 어떤 사람이 이상적인 여성이에요?

가마노 : 우선 일본적이고 상냥한 사람. 요리는
잘하는 사람. 그리고 미인이고, 회화가 재미
있고, 함께 있어 즐거운 사람, 사교적인 사람
이지.

김부인 : 그래. 그 정도 갖추고 있는 사람을 찾
는 것은 꽤 힘들겠군. 그렇지만 결혼이 정해
지면 소개해 줘요. 당신 신부를 꼭 만나보고
싶어요.

문형연습

1. A : 이번주에 신입생 환영파티를 열고 싶습니
다만, 좋으시다면 선생님께서도 꼭 와주셨
으면 하고.

B : 어머, 파티라면 꼭 가고 싶군요.

A : 수요일과 토요일 중 어느쪽이 형편이 좋
으십니까?

B : 수요일은 3시부터 회의가 있어서, 좀. 그리
고 저녁에도 약속이 있기 때문에.

A : 그렇습니까? 토요일은 어떻습니까?

B : 토요일이라면 오후는 수업이 없기 때문에
1시부터 한가해요.

A : 알겠습니다. 그럼, 토요일 오후로 하고 싶
다고 생각하니까, 잘 부탁하겠습니다.

2. A : 선생님, 파티 이야기는 벌써 들었습니까?

B : 네, 아까 들었습니다. 토요일이지요?

A : 네, 날씨가 좋으면 밖에서 식사를 한답니
다.

B : 좋군요.

A : 그리고 여자는 뭔가 하나 그 나라 요리를
만들어서 가지고 갑니다만, 선생님도 만들
어와 주시겠습니까?

B : 좋아요. 요리라면 뭐든지 만들 수 있으니
까.

A : 네, 알겠습니다.

3. A : 근일중에 우에다씨를 만날 겁니까?

B : 모레 연구회가 있기 때문에, 아마 그때에
만날 수 있을 거라고 생각합니다.

A : 그러면 이 책을 전해주세요.

B : 네, 그러나 우에다씨가 오지 않으면 어떻
게 할까요?

A : 급하지 않으니까 만났을 때에 (전해줘도)
상관없습니다.

B : 그렇습니까? 잘 알겠습니다. 이번주는 만
날 수 있을지 어떨지 모르겠습니다만, 다음
주라면 반드시 만날 수 있다고 생각합니다.

A : 그럼, 부탁합니다.

4. A : 김씨, 당신은 만년필을 살 겁니까?

B : 가격이 싸다면 사고 싶다고 생각하고 있습니다.

A : 가격이 비싸다면 사지 않을 것입니까?

B : 비싸면 사지 않겠습니다.

A : 얼마라면 사겠습니까?

B : 천 엔이라면 사겠습니다.

A : 천 엔 이상이라면 어떻게 할 겁니까?

B : 천 엔 이상이라면 사는 것을 그만두겠습니다.

5. 오늘은 하루종일 워드프로세서를 치고 있었기 때문에, 눈이 피곤합니다.

피곤하다면, 조금 쉬는 편이 좋아요.

제33과

일본소설을 읽은 적이 있습니까?

●**학습요점**
- 아직 안 읽었습니다.
- 하면 할수록 어려워집니다.
- 고베에 간 적이 있습니까?
- 식사 후에 야경이 가장 멋있게 보이는 곳에 안내해 드리겠어요.

● 본문 ●

A : 빙점이라고 하는 일본소설을 읽은 적이 있습니까?

B : 아직 안 읽었습니다. 어떤 책입니까?

A : 그것은 미우라아야코라고 하는 여류작가가 쓴 소설입니다.

B : 재미있습니까?

A : 빙점이라고 하는 소설은 우리나라에서도 인기를 끈 소설입니다.

B : 그 책은 어디서 구할 수 있습니까?

A : 시내 책방에서 살 수 있을 거라 생각합니다.

B : 그외에 또 어떤 책이 읽어서 도움이 될까요?

A : 글쎄요. 소설에서는 가와바타야스나리의 『설국』 등을 읽는 것도 좋다고 생각합니다.

B : 『설국』이라고 하는 책이라면 동양인으로서는 두번째로 노벨문학상을 받은 책이군요.

A : 나도 한국에서의 번역본은 전에 읽은 적이 있습니다. 그렇지만 원서로는 아직 읽지 않았으므로 나도 한번 읽어보기로 하고 있습니다.

B : 일본어는 쉽다고 말하지만 막상 공부해 보면 역시 하면 할수록 어려워지는군요.

A : 그렇습니다. 어느 외국어라도 간단한 것은 아닙니다. 하나의 외국어를 익힌다고 하는 것은 보통 노력으로서는 안된다고 생각합니다.

B : 요즈음 일본의 책 값은 얼마 정도입니까?

A : 엔화 강세로 환율도 상당히 높아졌습니다. 지금으로서는 8배까지 뛰어올랐습니다.

B : 그렇습니까? 일본 책을 사는 것도 힘들겠군요.

문형연습

1. A : 고베에 간 적이 있습니까?

B : 네, 딱 한번입니다만.

A : 어떤 곳입니까?

B : 글쎄요. 요코하마와 같이 항구가 있는 마을입니다. 외국과 같은 분위기예요.

A : 나카무라씨의 말에 의하면, 六甲山에서 본 경치가 매우 멋있다고 합니다만.

B : 네. 홍콩, 하코다테 다음으로 야경이 멋지고 유명한 곳이에요. 밤에는 마을이 보석과 같이 보이고 매우 로맨틱해집니다.

A : 그렇습니까? 내주 다니가와씨와 고베에 갈 거니까, 六甲山에 올라, 그 멋진 야경을 보고 오겠습니다.

2. A : 김씨, 고베는 처음이라고요?

B : 네, 교토나 오사카는 일로 몇 번이나 간 적이 있습니다만, 고베에는 한번도 온 적이

없었어요.

A : 그렇습니까? 그럼 식사 후에 야경이 가장 멋있게 보이는 곳까지 안내해 드리겠어요.

B : 이거 정말로. 대단히 감사합니다.

3. A : 외국에 간 적이 있습니까?

B : 네. 미국에도 영국에도, 몇 번이나 간 적이 있습니다.

A : 중국에는요?

B : 중국에는 아직입니다. 이번에 함께 가지 않겠습니까?

4. A : 일본의 스포츠는 무엇을 할 줄 압니까?

B : 검도를 조금 합니다만, 그다지 강하지 않습니다.

A : 유도나 스모 등을 보러간 적은 없습니까?

B : 네, 한번도 없습니다. 그렇지만 TV로 자주 봅니다.

5. A : 당신 집 근처에 차를 세울 수 있습니까?

B : 네, 집 옆에 큰 주차장이 있으니까.

6. (지도를 보면서)

A : 김씨는 아키하바라에 간 적이 있습니까?

B : 있어요. 거기는 전자제품이 싼 곳이지요. 도쿄타워는 어디 있습니까?

A : 여기에요. 김씨는 간 적이 있습니까?

B : 아니오, 아직 안 가봤습니다.

A : 그럼, 요다음 같이 갑시다.

7. A : 벌써 가부키를 보았습니까?

B : 아니오, 아직 본 적이 없습니다. 그렇지만, 꼭 보고 싶다고 생각하고 있습니다만. 가부키라고 하는 것은 언제쯤 시작된 것입니까?

A : 일본의 에도시대입니다. 1600년경이지요.

8. A : 일본에서는 초등학교에 들어가기 전에 히라가나를 배웁니까?

B : 아니오, 배우지 않습니다. 그렇지만 대개의 아이들은 그림책이나 TV를 보고 익히고 있습니다. 나는 쉬운 한자도 익혔습니다.

9. A : 태풍이 오기 전에 무엇을 준비해야만 합니까?

B : 라디오라든가 회중전등입니다. 오기 전에는 2, 3일 비가 내립니다만, 태풍이 간 다음은 언제나 날씨가 좋아집니다.

10. A : 결혼하기 전에 일본의 여자는 어떠한 것을 배웁니까?

B : 요리 만드는 법이랑 꽃꽂이랑 다도 등을 배웁니다. 게다가 쇼핑도 많이 하지 않으면 안됩니다.

11. A : 나는 언제나 식사 후에 이를 닦습니다만, 당신은요?

B : 나는 아침과, 식사후와, 저녁 자기 전에 닦습니다.

제34과

비가 올 것 같으니까, 우산을 가지고 가는 편이 좋아요.

●학습요점

•비가 온다고 하니까, 우산을 가지고 가는 편이 좋아요.

•아침저녁은 쌀쌀하니까 스웨터라도 한 벌 가지고 가는 편이 좋겠군요.

•의사에게 진찰받는 편이 좋겠군요.

● 본문1 ●

엄마는 하늘을 보고, 「비가 올 것 같으니까, 우산을 가지고 가는 편이 좋겠어요」라고 말했습니다.

언니는 라디오를 듣고 「비가 온다고 하니까, 우산을 가지고 가는 편이 좋아요」라고 말했습니다.

엄마도 우산을 가지고 가는 편이 좋다고 했고, 언니도 우산을 가지고 가는 편이 좋다고 말했습니다.

나는 우산을 가지고, 레인코트를 입고, 집을 나왔습니다. 하늘은 흐려 있고, 비가 내릴 것 같습니다. 도중에 비가 내리기 시작했습니다. 나는 우산을 가지고 와서 다행이라고 생각했습니다.

　학교에서 돌아올 때도 비가 심하게 내리고 있었습니다. 저녁 무렵이 되었습니다만, 비는 그칠 것 같지 않았습니다. 저녁에 라디오를 들었습니다. 라디오에 의하면, 내일 낮까지 계속 내린다고 합니다. 내일 오후부터 비가 그친다고 합니다.

● 본문2 ●

A : 이번 일요일에 어딘가에 꽃구경이라도 가지 않겠습니까?

B : 좋습니다. 마침 지금이 꽃이 한창 때이고, 시골에 가서 자연을 즐기는 것도 좋다고 생각합니다.

A : 그날, 날씨가 좋다면 좋겠는데요.

B : 일기예보에 의하면 이번주 주말은 맑다고 합니다.

A : 그렇습니까? 일기예보가 맞다면 좋겠습니다만.

B : 그렇지만 만일을 위해 접는 우산을 가지고 갑시다.

A : 그렇군요. 게다가 아침저녁은 쌀쌀하니까 스웨터라도 한 벌 가지고 가는 편이 좋겠군요.

B : 토요일 밤, 일기예보를 보면 예상할 수 있으니까 잊지 말고 일기예보를 보도록 하는 편이 좋겠군요.

A : 잊지 않을 겁니다. 오래간만에 가는 교외니까.

B : 만일 비가 온다면 어떻게 할까요?

A : 그래도 가기로 합시다. 모처럼이니까요.

B : 그렇군요. 그렇게 합시다.

문형연습

1. A : 어머나, 심한 상처로군요. 병원에 갔습니까?

　 B : 아니오, 아직 안 갔습니다.

A : 의사 선생님에게 진찰받는 편이 좋겠어요.

2. 약을 먹지 않아도 좋겠습니까?

아니오, 약을 먹는 편이 좋아요.

3. 이 우유를 마셔도 좋겠습니까?

아니오, 이 오래된 우유는 마시지 않는 편이 좋아요.

4. 지금부터 내일 시험 공부를 할 겁니다.

공부를 하는 거라면, TV를 끄는 편이 좋겠어요.

5. 12시까지 오사카에 가고 싶습니다만.

급하면, 비행기로 가는 편이 좋아요.

6. 이력서 쓰는 법을 모릅니다.

모른다면, 선생님께 묻는 편이 좋아요.

7. 계속 이야기하고 있었기 때문에, 목이 말랐습니다.

목이 마르다면, 뭔가 마시는 편이 좋아요.

8. 열이 내리니, 갑자기 배가 고팠습니다.

배가 고프다면, 뭔가 먹는 편이 좋아요.

9. A : 어쨌든, 너무 불규칙한 생활은 좋지 않습니다.

　 B : 그렇지요. 일찍 자는 편이 건강을 위해서 좋군요. 나도 될 수 있는 한 빨리 자는 습관을 들이지요.

제35과

분양 맨션을 사기로 했습니다.

●학습요점

• 건축법으로 너무 높은 주택용 빌딩을 지어서는 안되게 되어 있어요.

• 정년이 되기까지 계속 대부금을 갚아 나가야만 한다는 것입니까?

● 본문1 ●

김 : 도쿄에서 집을 짓는 것은 어렵지요?

야마모토 : 네, 최근에는 토지 가격이 올라버려서 집은 물론입니다만, 맨션이나 아파트의 집

세도 매우 비싸졌습니다.

김 : 동경은 물가도 비싸나, 긴자의 토지 가격
　　은 한평에 1억 엔 이상이기 때문에, 세계에서
　　가장 비싸지 않습니까?

야마모토 : 그대로입니다. 토지가 부족한 것이
　　큰 문제입니다만, 그 이상으로 일본은 지진이
　　많은 나라이기 때문에 건축법으로 너무 높은
　　주택용 빌딩을 세워서는 안되게 되어 있습니
　　다.

● 본문2 ●

김 : 야마모토씨는 집을 지을 생각이십니까?

야마모토 : 아니오, 내 집을 가지고 싶다고는
　　생각하지만, 너무 무리한 것이라서 분양 맨션
　　을 사기로 했습니다.

김 : 분양 맨션이란 무엇입니까?

야마모토 : 맨션의 방 하나를 사버리는 것입니
　　다.

김 : 그것은 그렇게 비싸지 않습니까?

야마모토 : 아니오, 그렇지 않습니다. 샐러리맨
　　인 나로서는 역시 비싼 매물입니다. 도쿄에서
　　는 조그만 맨션이 몇 천만 엔이나 하기 때문
　　이죠. 월급이 적은 샐러리맨은 20년부터 30년
　　후까지 다달이 대부금을 갚게 됩니다.

김 : 30년 후라면, 정년이 되기까지 죽 대부금을
　　지불해야만 한다는 말입니까?

야마모토 : 그렇습니다. 그래서 "대부금 지옥"
　　이라고 하는 말이 있을 정도입니다.

■ 문형연습

1. 일본의 대학에 유학한다는 이야기는 어떻게
　　되었습니까?
　　올 4월부터 도쿄에 있는 대학에 가기로 했습니
　　다.

2. 졸업 논문은 무엇에 대해 쓸 건지 정했습니까?
　　네, 일본 전후의 경제에 대해서 쓰기로 했습니
　　다.

3. 금년 황금 연휴의 계획을 세웠습니까?
　　네, 오래간만에 고국에 돌아가서 가족과 보내
　　기로 했습니다.

4. 요전에 산 스테레오와 비디오의 지불은 분할
　　입니까?
　　아니오, 보너스가 나올 때에 일괄해서 지불하
　　기로 되어 있습니다.

5. 스키 도구를 전부 가지고 갑니까?
　　아니오, 구두와 판은 가지고 있지 않으므로 스
　　키장에서 빌리기로 했습니다.

6. 충치는 전부 나았습니까?
　　네, 전부 나았습니다. 이번에는 어금니를 빼기
　　로 했습니다.

7. 오늘, 이씨는 쉽니까?
　　네, 교통사고를 일으켰기 때문에 잠시 회사를
　　쉬게 되었습니다.

8. 습자 선생을 구했습니까?
　　네, 다음주 우에다씨에게 선생을 소개받기로
　　했습니다.

9. 박씨가 다음달로 회사를 그만둬 버린다고 하
　　는군요.
　　네, 제가 대신 박씨의 일을 하기로 되었으므로,
　　잘 부탁합니다.

10. 아버님의 건강 상태는 어떻습니까?
　　그다지 좋지 않기 때문에, 이번에 검사하기 위
　　해 입원하게 되었습니다.

제36과

자동차가 흙탕물을 튀겨,
바지를 더럽혀 버렸습니다.

● 학습요점
- 전차 안은 콩나물시루 같고, 발은 밟히고, 몸은 전혀
　움직일 수 없어서.
- 집에 돌아가 부인에게 혼났겠죠?
- 세탁소에 맡기면, 얼마 정도 내야 됩니까?

이토 : 고바야시씨는 몇 시에 출근합니까?

고바야시 : 제복으로 갈아입어야 하니까, 8시 반에 옵니다.

이토 : 나도 매일 7시에 집을 나와 8시 반에 회사에 도착합니다만, 때마침 러시아워로 대단합니다. 전차 안은 콩나물시루 같고, 발은 밟히고, 전혀 몸을 움직일 수 없어서.

고바야시 : 정말로. 아침 7시부터 9시 사이만은 전차 수를 늘려주었으면 좋겠어요.

이토 : 그래그래, 나는 전에 립스틱을 와이셔츠에 묻혀버린 일이 있어서, 그때에는 정말 곤란했어요.

고바야시 : 그것 큰일이지. 돌아가서 부인에게 혼났겠죠.

이토 : 당연하죠. 겨울에는 많이 껴입고 있기 때문에 뚱뚱하고, 여름은 더워서 후덥지근하고. 게다가 마지막 전차 안이라면, 술취한 사람이 싸움을 하기도 하고. 통근이 1시간 반이나 걸리기 때문에 지쳐요.

● 본문2 ●

오키 : 바지가 몹시 더러워져 있군요.

안 : 네, 아까 자동차가 흙탕물을 끼얹어, 바지를 더럽혀버렸습니다.

오키 : 이 근방은 길이 나빠서 곤란하겠군요.

안 : 네, 자동차도 길이 나쁜 곳에서는 더욱 주의해 달려준다면 좋을 텐데, 운전이 너무 난폭해요.

오키 : 그렇군요. 물론, 사과없이 가버렸겠지요?

안 : 네. 조금 더 말린 다음 솔질하면, 떨어질까요?

오키 : 진흙은 좀처럼 안 떨어져요. 돌아가면 세탁소에 맡기는 편이 좋겠지요.

안 : 그렇습니까? 세탁소에 맡기면, 얼마 정도 내야만 하나요.

오키 : 글쎄, 800엔은 내야겠죠.

안 : 그렇습니까? 세탁비도 비싸졌군요.

오키 : 네, 요즈음은 뭐든지 비싸졌어요.

1. A : 당신은 어렸을 때 형제끼리 싸움을 하지 않았습니까?

   B : 많이 했습니다. 동생들을 괴롭히기만 한다고 해서, 자주 엄마에게 혼났습니다. 당신은 어떠했습니까?

   A : 나도 형과 자주 싸움을 했습니다만, 형 쪽이 언제나 혼났습니다.

   B : 형제가 싸움을 해서 혼나는 것은 대개 형님 쪽인 것 같군요.

2. A : 어젯밤 큰일이 있었습니다.

   B : 어떻게 된 것입니까?

   A : 도둑이 들었습니다.

   B : 허, 뭔가 도둑맞았습니까?

   A : 아니오, 마침 아내가 잠을 깨서 비명을 질렀기 때문에 아무것도 도둑맞지 않고 끝났습니다.

   B : 그렇습니까? 그것은 불행 중 다행이군요.

3. 고양이가 트럭에 치였습니다.
   무엇에 치였습니까?
   트럭에 치였습니다.
   무엇이 치였습니까?
   고양이가 치였습니다.

4. A : 심부름하러 가는 겁니까?

   B : 네, 엄마가 저녁 준비하러 사러 보냈습니다.

5. A : 어제 골프 치러 갔다지요?

   B : 네, 그렇지만 도중에 비를 맞아 혼났습니다.

6. A : 내일 연수 갈 때, 카메라를 가지고 와주지 않겠습니까?

   B : 미안합니다. 카메라는 남자동생이 망가뜨려 지금 수리를 맡기고 있는 중입니다.

7. A : 부인도 골프를 시작했습니까?

　 B : 네, 남편 따라서 시작한 것입니다.

8. A : 두부는 무엇으로 되어 있습니까?

　 B : 두부는 대두로 만들어집니다.

9. A : 당신이 좋아하는 일본의 작가는 누구입니까?

　 B : 가와바타야스나리입니다. 이 사람의 책은 널리 외국에서도 읽히고 있습니다.

10. A : 우체국 외에 우표를 살 수 있는 곳은 어디입니까?

　 B : 역의 매점이라든가, 담배가게에서도 팔리고 있습니다.

11. 안씨는 자동차에 흙탕물이 뿌려져 바지를 더럽히고 말았다. '자동차도 길이 나쁜 곳에서는 좀더 주의해서 달려준다면 좋을 텐데'라고, 안씨는 화가 나 있었다.

제37과

기꺼이 해주겠습니다.

● 학습요점

• 입사식 다음날부터 합숙하러 보내서, 은행의 구조나 상품에 대해서 익히게 하였다고 합니다.

• 실은 저 오늘부로 그만두겠습니다.

• 교재를 읽고만 있어서도 재미없기 때문에 오늘부터는 라디오의 뉴스를 들려주기로 했습니다.

● 본문1 ●

요코야마 : 내년에는 메구미씨도 사회인이군요.

다니가와 : 네, 덕분에, 4월부터 광고대리점에 근무하게 되었습니다만, 걱정돼요.

요코야마 : 광고대리점이라면 여자라고 해서 차를 타게 하거나, 복사를 시키거나 하는 것만은 아니겠지요.

다니가와 : 무엇이든지 일에 빨리 익숙해지게 하기 위해서 3월부터 아르바이트로 일을 시킨다고 합니다. 신입사원은 익숙해지기까지가 힘들기 때문입니다.

요코야마 : 굉장하군요, 미야코씨도 은행에 들어갔을 때, 그랬습니까?

다니가와 : 아니오, 미야코의 회사는 달랐습니다. 입사식 다음날부터 합숙에 들어가, 은행의 구조나 상품에 대해서 외우게 하였다고 합니다. 그외에도 합숙 중에 오리엔테이션을 시키기도 하고, 사훈을 큰소리로 말하게 하기도 했다고 합니다.

요코야마 : 은행원이라고 하는 것도 체력이 필요하군요.

다니가와 : 은행에 따라서는, 합숙 후 바로 영업하러 보내는 곳도 있다고 합니다만, 미야코의 회사에서는 안의 일을 대충 익히게 한다음, 세일즈로 돌게 한다고 합니다.

● 본문2 ●

A : 저, 부장님, 말씀드리고 싶은 일이 있습니다만…….

B : 둘이 나란히 무슨 이야기입니까?

A : 실은 저희들 결혼하기로 하였습니다.

B : 허, 둘이가 그러한 사이라고는 전혀 몰랐군. 어쨌든 축하하네.

A : 그래서 부장님께 중매를 부탁드리고 싶습니다만.

B : 아, 좋아요, 기꺼이 해주겠습니다.

C : 저기, 실은 저 오늘부로 그만두고 싶습니다만,

B : 아니, 그만둬 버리는 겁니까? 당신이 없어지면 쓸쓸해지겠군. 어쨌든 축하하네.

문형연습

1. A : 선생님은 일본어를 어떻게 가르치고 계십니까?

　 B : 글쎄요, 우선, 내가 교재를 읽고 듣게 합니다. 그리고 나서, 한 사람 한 사람 지적해서 읽게 합니다. 교재를 읽고만 있어서도 재미

없으므로, 오늘부터는 라디오 뉴스를 듣게 하기로 했습니다.

2. A : 듣게 한 다음, 어떻게 합니까?

B : 여러가지 질문을 해서 대답하게 하는 것입니다.

A : 대답은 말로 하게 하는 것입니까?

B : 말로 하게 하거나, 종이에 쓰게 하거나 합니다.

A : 아, 그렇습니까? 우리 반에서도 조금 시켜 보기로 하겠습니다.

3. A : 저것은 무엇을 하고 있는 것입니까?

B : 아, 참배입니다. 아이가 태어나면, 7일 이내에 이름을 지어서 그 아이가 튼튼하게 자라도록 신사에 참배하는 것입니다.

A : 신도입니까?

B : 아니오, 종교에는 관계없이 아이가 출생하면 어느 부모라도 참배시키는 것이기 때문에, 일본의 오래된 습관인 것입니다.

4. A : 나의 언니는 지난달 막 결혼했습니다만, 집안은 아무도 크리스챤이 아닌데도, 교회에서 식을 올린 것입니다.

B : 문제는 없습니까?

A : 네, 전혀 없습니다. 작년, 아저씨 장례식은 불교로 했기 때문에.

B : 그럼, 태어났을 때는 신사에 가서, 죽으면 절의 묘지에 들어가는 겁니까?

A : 그런 것입니다. 우리들은 1년 중에서 정월이 되면 신사에 첫 참배하러 가고, 백중맞이나 피안이 되면 성묘하러 가는 것입니다.

5. A : 따님의 맞선 본 이야기는 어떻게 되었습니까?

B : 바로 요전에 선봤을 뿐인데, 벌써 결혼하게 되었습니다.

A : 어머, 그것 축하드립니다.

B : 정말 감사합니다.

6. A : 당신은 일본에 가서 어떤 연수를 받습니까?

B : 우선 어학연수원에 들어가 6개월 연수를 받아야만 한다고 생각합니다.

A : 외국어 공부는 책을 눈으로 읽기만 해서는 안되는 것 같습니다. 역시 직접 사람과 만나 이야기를 주고받지 않아서는 안된다고 생각합니다.

B : 나도 그와 같이 생각하고 그래서 일본에 건너가 공부하기로 했습니다.

영어로 대답하다.

●학습요점

• 어렵기는 어려웠습니다만, 대체로 풀 수 있었던 것 같습니다.

• 전문적인 것에 대해서 영어로 대답해야 되었던 것에는 곤란했습니다.

● 본문 ●

니시카와 : 어제 입사시험은 어떠했습니까?

야마무라 : 어렵기는 어려웠습니다만, 대체로 풀 수 있었던 것 같습니다.

니시카와 : 그것 다행이군요. 어떤 형식의 시험이었습니까?

야마무라 : 필기시험과 구술시험이었습니다. 무역회사이므로, 어학을 못하면 안되는 것 같습니다.

니시카와 : 그렇다면 양쪽 다 영어시험입니까?

야마무라 : 네, 그렇습니다. 필기시험에서도 영문을 번역하기도 하고, 「앞으로의 해외무역」이라고 하는 제목으로 영작문을 쓰기도 하였습니다.

니시카와 : 구술시험은 어려웠겠지요?

야마무라 : 보통의 회화는 그다지 어렵다고 생각하지 않았습니다만, 전문적인 것에 대해서 영어로 대답해야 되었던 것에는 난처했습니다.

니시카와 : 그것은 어려울 것 같네요. 시험은 그외에 무엇이 있었습니까?

야마무라 : 구술시험 다음에 신체검사도 받았습니다. 합격하면, 바로 해외로 출장가는 사람도 있기 때문이지요.

니시카와 : 당신은 튼튼한 것 같으니까, 신체검사는 괜찮겠지요?

야마무라 : 네, 대개 걱정은 없을 거라고 생각합니다.

1. A : 좀 들어봐요. 오늘 세일즈맨이 와서요.

   B : 무슨 세일즈맨.

   A : 자동차요. 제멋대로 들어와서 당황했어요. 1시간이나 이야기를 듣게 한 다음, 새 차를 사게 될 뻔해서 쫓아내버렸어요.

   B : 어떻게 해서?

   A : 현관의 꽃병 물을 뿌려서 쫓아내었어요.

2. A : 잠깐 들어봐요. 혼났어요.

   B : 뭔가?

   A : 오늘 갔다온 집에서, 개가 짖어대고, 물어뜯고 해서 호되게 당했어요.

   B : 그 정도는 대단한 일이 아니야. 나는 말이지, 물을 뒤집어썼어, 꽃병 물을.

3. A : 아, 이것, 기다리세요.

   B : 무슨 일이야?

   A : 이번에 들어가게 된 학교의 제복을 입히려고 하니, 싫어하는 거에요.

   B : 이제 다른 사람에게 입혀주는 것이 싫은 거겠지. 스스로 입게 하세요. 학교에도 기숙사에도 따라다니고, 공부만 해야 되고, 어른보다 바빠요. 지금의 아이들은.

   A : 그럴까? 그래도, 부모는 비싼 돈을 지불하는 것인데요.

   B : 무슨 말을 하고 있는 건가? 아이에게 교육을 시키는 것은 부모의 의무에요.

4. 나는 무역회사의 입사시험을 쳤다. 시험은 필기시험과 구술시험이었으나 어떤 쪽도 다 영어에 중점을 두고 있었다. 영작문은 「앞으로의 해외무역」이라고 하는 제목이었다. 구술시험 뒤에 신체검사도 있었다. 합격하면, 바로 해외로 출장가는 사람도 있기 때문일 것이다.

5. A : 메구미, 대학을 졸업하고 나면, 어떻게 할 생각인가?

   B : 광고대리점에 근무하고 싶다고 생각하고 있어요.

   A : 그래? 그렇지만 광고일은 힘든 거야. 아버지 친구도 광고대리점에 근무하고 있는 사람이 있으나, 잔업이 많아서 좀처럼 쉴 수가 없다고 해요.

6. A : 아버지는 입사한 지 몇 년이 되어요?

   B : 26년째요.

   A : 와아, 굉장하다. 이대로 죽 회사에 뼈를 묻을 생각?

   B : 아, 물론이에요. 일본의 회사는 종신고용이기 때문에. 게다가 지금까지 회사에도 매우 신세를 지고 있고.

나의 결혼관

● **학습요점**

• 결혼제도에 관한 것으로, 잠깐 여쭙고 싶은 것이 있습니다만.

• 옛날에는 빨랐던 것 같습니다만, 요즈음은 점점 늦어지는 경향이 있습니다.

• 그것은 여성도 일을 가진 사람이 늘은 탓도 있다고 생각합니다만.

• 요즈음은 그렇지만은 않습니다.

● **본문** ●

A : 결혼제도에 대해서, 잠시 여쭈어 보고 싶은 것이 있습니다만.

B : 네, 뭡니까?

A : 한국에서는 중매결혼과 연예결혼 중 어느쪽
이 많습니까?

B : 잘 모르겠습니다만, 반반 정도가 아닌가라
고 생각합니다.

A : 그렇다면 결혼의 적령기는 몇 세 정도일까
요?

B : 옛날에는 빨랐던 것 같습니다만, 요즈음은
점점 늦어지는 경향이 있습니다. 그것은 여성
도 일을 가진 사람이 늘어난 탓도 있다고 생
각합니다만.

A : 그렇습니까? 일본도 일을 가진 독신여성이
많아, 그것을 곧잘 독신귀족이라고 말합니다.
당신은 결혼에 대하여 어떻게 생각합니까?

B : 글쎄요. 나는 중매결혼 쪽이 무난하다고 생
각합니다. 될 수 있으면 결혼하고 나서도 맞
벌이를 하면서 서로 도와가는 것이 나의 이
상입니다.

A : 그렇습니까? 이전에 나는 한국의 남성은 부
인이 일하는 것에 반대하는 사람이 많다고
들었습니다만.

B : 그렇지요. 사람에 따라서 다르다고 생각합
니다만, 요즈음은 그렇지만은 않습니다.

A : 그렇습니까? 한국도 앞으로 점점 변할 거라
고 생각합니다. 부모와의 동거에 대해서는 어
떻게 생각하십니까?

B : 나는 같이 사는 것에 대해서는 찬성입니다.
여러가지 신경을 쓰지 않으면 안된다고는 생
각합니다만, 노인분이 계시면 마음이 든든하
다고 생각합니다.

A : 그렇습니까? 당신은 좋은 신부가 되겠군요.

B : 아니오, 꼭 그렇다고는 말할 수 없어요.

1. 장학금 제도에 대해서 묻고 싶다.
→장학금 제도에 관한 것으로, 잠깐 여쭙고 싶
은 것이 있습니다만.

2. 남편의 병에 대해서 상담하고 싶다.
→남편의 병에 대해서, 잠시 여쭙고 싶은 일이
있습니다만.

3. 김씨에 관해서 말해두고 싶다.
→김씨에 관한 일로, 잠시 여쭙고 싶은 것이
있습니다만.

4. 일본인의 종교관에 대해서 묻고 싶다.
→일본인의 종교관에 관한 것으로, 잠시 여쭙
고 싶은 것이 있습니다만.

5. 아드님의 진학에 대해서 이야기하고 싶다.
→아드님의 진학에 관한 일로, 잠시 여쭙고 싶
은 일이 있습니다만.

6. 헤이안 시대의 귀족문학에 대해서 묻고 싶다.
→헤이안 시대의 귀족문학에 관한 것으로, 잠
시 여쭙고 싶은 것이 있습니다만.

7. 고독이 반드시 나쁘다고만은 할 수 없다. 왜냐
하면 이것이 때로는 인간을 정신적으로 성장
시켜 주기 때문입니다.

8. 부자가 반드시 행복하다고는 말할 수 없다.

9. 첫번째 수업에 많은 학생이 왔다고 해서, 두번
째 수업에도 같은 수의 학생이 온다고는 할 수
없다.

제40과

복중 문안인사 드립니다.

●학습요점

• 어떻게 지내고 계십니까?

• 선생님께서는 회갑을 맞이하셨다 하므로, 정말 축하
드립니다.

• 선생님께 꾸지람을 듣던 일들이 그립게 생각났습니
다.

• 겨우 장마가 그쳤다 했더니, 갑자기 이런 더위입니다.

• 별일없이 잘 지내십니까?

● 본문1 ●

복중 문안인사 드립니다. 너무 오랫동안 인사

를 못드려 죄송합니다만, 어떻게 지내고 계십니까?

선생님께서 회갑을 맞이하셨다 하므로 정말 축하드립니다. 지금도 골프로 체력을 단련하고 계신다는 것, 건강하셔서 무엇보다 좋으십니다.

저도 회사에 나가고 나서 5년간, 여름도 타지 않고 매일 건강하게 일하고 있습니다. 일전에 오래간만에 고등학교 앨범을 펼쳐 보았습니다. 사진을 보고 있으니, 수학여행지의 여관에서 밤 늦게까지 자지 않고 있다고 해서, 선생님께 꾸지람을 들었던 일이 그립게 생각났습니다.

현재, 일은 매우 힘듭니다만, 「초심 잊지 말지어다」라고 하는 선생님의 말씀을 생각해 분발하고 있습니다. 앞으로도 건강하셔서 저희들을 지도해 주시도록 잘 부탁드리옵니다. 더운 날씨가 계속됩니다만, 부디 몸조심하십시오.

● 본문2 ●

복중 문안인사 올립니다.

겨우 장마가 끝나는가 했더니, 갑자기 이런 더위입니다. 여러분, 별일없이 지내고 계십니까? 여름에 강한 저도 이2,3일의 더위에는 여름을 타는 기색입니다.

금년 여름은 덥고 길다 하므로, 부디 몸조심하세요.

문형연습

1. A : 선생님, 잠시 여쭈어 보고 싶은 것이 있습니다만, 지금 괜찮으십니까?

   B : 네, 좋습니다.

2. A : 일전에 선생님께서 말씀하신 토인비의 『역사의 연구』에 대해서 여쭙고 싶습니다.

   B : 어떤 것입니까?

3. A : 선생님께서는 지난날 그 책을 읽으시고 매우 감격하셨다고 말씀하셨습니다만, 어떤 점에 대해서 흥미를 가지게 되셨던 것입니까?

   B : 아, 그 일에 대해서는 전에 그 책의 서평을 썼을 때에 꽤 상세히 썼지요.

4. A : 무엇을 쓰셨습니까?

   B : 『역사연구』라고 하는 잡지입니다. 벌써 10년도 넘었습니다만.

5. A : 그 잡지를 빌릴 수 있을까요?

   B : 아, 좋아요. 지금 집에 놔두었으니까, 요다음 연구실에 올 때 가지고 오지요.

6. A : 선생님은 이번에 언제 연구실에 오십니까?

   B : 내일은 학회로 오사카에 나가니까, 모레이군요.

   A : 그러면, 모레 찾아뵙겠으니, 잘 부탁드립니다.

7. 다니가와씨입니까?
   네, 다니가와입니다.
   다니가와씨이십니까?
   네, 다니가와입니다.

8. 화장실은 어디입니까?
   복도 막다른 곳에 있습니다.
   화장실은 어느쪽입니까?
   복도 막다른 곳에 있습니다.

9. 부장님, 신일본전기의 스즈키씨가 오셨습니다.
   아, 알았어. 그럼, 회의실로 안내해 주세요.

10. 요코야마 선생님은 어디에 계십니까?
    요코야마 선생님은 30분쯤 전에 외출하셨습니다.
    5시경에 돌아오십니다.

11. 선생님은 어떠한 말씀을 하셨습니까?
    일본어 학교에 대해서 말씀하셨습니다.

12. 손님은 아직 안 오셨습니까?
    아니오. 지금 방금 차가 도착하였습니다.

13. 고바야시씨, 무겁겠네요. 들어드릴까요?
    네. 그럼, 이것만 부탁합니다.

연습문제 해답

제21과

☞p. 14

1. 1) 東京ってどんな都会でしょうか。
   2) あなたってどんな人ですか。
   3) 人生ってなんだろうか。

2. 1) 富士山は何メートル位あるんでしょうかね。
   2) サンシャイン60ビルは何メートルぐらいあるんでしょうかね。
   3) 瀬戸大橋は何メートルぐらいあるんでしょうかね。
   4) クイーンエリザベス号は何トンぐらいあるんでしょうかね。
   5) 東京タワーは何メートルぐらいあるんでしょうかね。

3. 1) コップは何をするために使いますか。
   →コップは水を飲むために使います。
   2) せっけんは何をするために使いますか。
   →せっけんは物の汚れを落すために使います。
   3) 新聞は何をするために作りますか。
   →新聞はいろいろの情報を知らせるために作ります。
   4) そうじきは何をするために使いますか。
   →そうじきはそうじをするために使います。
   5) 時計は何をするために使いますか。
   →時計は時を知らせるために使います。
   6) お酒は何をするために作りますか。
   →お酒は人の気分をよくするために作ります。
   7) 扇風機は何をするために使いますか。
   →扇風機はかぜをすずしくするために使います。

   1) あなたがいたかったため、遠足にいきませんでした。
   2) バスにおくれたため、遅刻しました。
   3) 子供が、熱があったため、早く帰りました。

제22과

☞p. 22

1. ただ今お客さんの車がお着きになりました。

2. 横山先生は留学生のご両親とお話しに
なっています。
3. 社長のおくさまはいま真ん中の席にお
かけになっています。
4. 小林さん、おもそうですね。お持ちし
ましょうか。
5. おてつだいします。
6. すぐにタクシーをお呼びします。
7. 土曜日の午後4時までにかならずおと
どけします。

제23과

☞ p. 31

1. あなたの国にも醤油のようなものがあ
りますか。
2. 韓国に比べて日本のほうが湿っぽいよ
うなきがします。
3. じゃあ、朝9時に集まるように伝えて
ください。
4. みんなに待っていてくれるようにいっ
てね。
5. もうひとつもってきてくれるように頼
んでください。
6. 中村さん、具合が悪いようですが、大
丈夫ですか。

제24과

☞ p. 39

1. 1) うれしそうな
   2) かなしそうな
   3) まじめそうな

4) 泣きそうな
5) やわらかそうな
6) やさしそおうな
7) つよそうな
8) 楽しくなさそうな
9) おいしそうに
10) 苦しそうに
11) すっぱそうに

2. 학교에서 돌아올 때도 비가 심하게 내리
고 있었습니다. 저녁때가 되었습니다만, 비
는 그칠 것 같지 않았습니다. 밤에 라디오
를 들었습니다. 라디오에 의하면 내일 점
심때쯤까지 계속 내린다고 합니다. 내일
오후부터 비가 그친다고 합니다.

제25과

☞ p. 50

1. 1) 외국어는 공부하셨습니까?
      네, 중국어라든가 아랍어 등을 공부했
      습니다.
   2) 이 일, 누구에게 부탁할까요?
      야마다씨 같은 사람 어떻습니까?
   3) 나에 관한 일 따위는 걱정하지 않아도
      좋습니다.
      아니, 그럴 수는 없습니다.

2. 1) 話し方も昔、僕たちに数学を教え
      てくださったときのままでした。
   2) けれども去年の冬に肝臓を悪くな
      さって、4か月ほど入院していらっ
      しゃったそうなんです。
   3) 夜中2時、3時にすごい音がして、

それから全然眠れなかったんです。

4) それで今はあんなにお好きだった
タバコもやめられたし、お酒も一滴
も召し上がらないんだそうです。

제26과

☞p. 58

1. 1) 書こうと思います
   2) 行こうと思います
   3) 持とうと思います
   4) 泳ごうと思います
   5) 話そうと思います
   6) 待とうと思います
   7) 運ぼうと思います
   8) 飲もうと思います
   9) 売ろうと思います
   10) 習おうと思います

2. 1) 食べようと思います
   2) 居ようと思います
   3) 借りようと思います
   4) 勤めようと思います
   5) 決めようと思います

3. 1) 連れてこようと思います
   2) 持ってこようと思います
   3) 注文しようと思います
   4) 案内しようと思います

제27과

☞p. 66

1. 1) 밥을 먹으려고 하던 참입니다.
   2) 밥을 먹고 있는 중입니다.
   3) 밥을 막 먹었습니다.

2.
1) a) A：何をするところですか。
      B：今からシャワーを浴びるところ
      です。
   b) A：何をしているところですか。
      B：今、シャワーを浴びているとこ
      ろです。
   c) A：何をしたところですか。
      B：たった今、シャワーを浴びたと
      ころです。
2) a) A：何をするところですか。
      B：今から道具をしまうところで
      す。
   b) A：何をしているところですか。
      B：今、道具をしまっているところ
      です。
   c) A：何をしたところですか。
      B：たった今、道具をしまったとこ
      ろです。
3) a) A：何をするところですか。
      B：今から荷物を積むところです。
   b) A：何をしているところですか。
      B：今、荷物を積んでいるところで
      す。
   c) A：何をしたところですか。
      B：たった今、荷物を積んだところ
      です。
4) a) A：何をするところですか。
      B：旅行の準備をするところです。
   b) A：何をしているところですか。

B：今、旅行の準備をしているとこ
ろです。

c）A：何をしたところですか。
B：たった今、旅行の準備をした
ところです。

☞ p. 75

제28과

1. 2층 방은 조용해졌군요.
   네, 이제 아이들은 잠든 것 같습니다.
2. 이 자동판매기는 거스름돈이 나오지 않아
   요.
   잠시 기다려 주세요. 고장난 것 같습니다.
3. 비행기는 왜 날지 않았습니까?
   태풍으로 날지 않았던 것 같습니다.
4. 도쿄는 비가 옵니다만, 규슈는 어떤가요?
   구름 한점 없는 맑은 날씨로, 따뜻한 것
   같습니다.
5. 나카무라씨는 오늘도 하루종일 바쁩니까?
   아니오, 오전 중은 그다지 바쁘지 않은
   것 같습니다.
6. 교토나 나라는, 오래된 절이 많이 있어서
   일본다운 마을입니다.
7. 이런 실패를 하다니, 고바야시씨답지 않
   군요.
8. 이 그림은 진짜 새같이 걸려 있습니다.

제29과

☞ p. 83

1. 雨に濡れたままでいると風邪を引きま
   す。

2. 早く行かないと映画が始まってしまい
   ます。
3. このそでは、もう少し短くないと手が
   出ません。
4. 計算が苦手だと買物のとき困ります。
5. 周りが静かじゃないとよく勉強できな
   い。
6. 成績がいいと先生にほめられます。
7. 国際電話は夜だと少し安くなります。

제30과

☞ p. 89

1. 1) 行けば　　　　2) 立てば
   3) 見れば　　　　4) 申し込めば
   5) 取れば　　　　6) わかれば
   7) 反対すれば

제31과

☞ p. 100

1) 4日前に買った和菓子を食べたら、固
   くなっていました。
2) 母にもらった浴衣を着たら、そでもた
   けも短かったです。
3) 部屋を掃除したら、なくしたと思って
   いたボタンが見つかりました。
4) 薬を飲んだら、熱が下がります。
5) 家から駅まで歩いたら、15分かかりま
   す。
6) 雨がやまなかったら、今日は買い物に
   行きません。
7) 窓を開けたら、富士山が見えました。

8）デパートへ行ったら、セールをしていました。

9）うちに着いたら、電話が鳴っていました。

☞p. 112

第32과

1）いいえ、文楽は見たことがありませんが、歌舞伎なら見たことがあります。

2）いいえ、裁縫はできませんが、編み物ならできます。

3）いいえ、壁にポスターははってありませんが、カレンダーならはってあります。

4）いいえ、私は住所は書けませんが、名前なら書けます。

5）いいえ、中国語は話せませんが、英語なら話せます。

☞p. 124

第33과

1. はい、私は洋酒を飲んだことがあります。

2. はい、日本の映画を見たことがあります。

3. はい、学校に遅刻したことがたくさんあります。

4. はい、外国へ行ったことがあります。日本とヨーロッパへ行ってきました。

5. はい、食堂の前と銀行の前に大きな駐車場があります。

6. いいえ、着物は一人で着ることができません。

7. いいえ、日本語で歌を歌うことはできません。

8. はい、筆で手紙を書くことができます。

9. いいえ、もう卒業しました。

10. いいえ、まだ会社員になりません。

☞p. 132

第34과

1. 雨が降りそうですから、傘を持っていった方がいいですよ。

2. 野菜をたくさん食べた方がいいですよ。

3. 早く寝る方がいいですよ。

4. 毎日予習と復習をした方がいいですよ。

5. あまりとおくへはいかない方がいいですよ。

6. アパートは駅から近い方がいいですよ。

7. 荷物が多いなら、タクシーを呼んだ方がいいですよ。

☞p. 139

第35과

1. 1) (d)
   2) (a)
   3) (e)

4) (b)

5) (f)

6) (c)

2. 1) (f)

2) (c)

3) (e)

4) (b)

5) (d)

6) (a)

제36과

☞p. 150

1) 歌われています。

2) かわいがられています。

3) 見られています。

4) となりに立っていた人に足を踏まれました。

5) 子供に大事な壺を割られました。

6) 後ろの人に背中を押されました。

7) みんなに失敗を笑われました。

8) 弟に、買っておいたお菓子を食べられてしまいました。

제37과

☞p. 159

1. 1) 読ませます

2) ひかせます

3) 話させます

4) やらせます

5) 持たせます

6) 来させます

7) 帰らせます

8) 待たせて

2. 1) 帰った

2) 聞った

3) 取った

4) 知り合った

5) 作り始めた

6) 休んで

7) 風邪をひいて

8) 働いて

9) 話して

10) 食べて

제38과

☞p. 169

1. 1) 飲まされました

2) 笑わされて

3) 見させられました

4) 食べさせられました

5) 約束させられました

2. 1) 私はあした芝居を見にいくつもりです。

2) 今度の週末は山へ行くつもりです。

3) 友達と会うつもりです。

4) 日本語の教師になるつもりです。

5) 来年3月に国へ帰るつもりです。

6) 父の会社で働くつもりです。

3. 1) d

2) a

3) e

4) b

5) f
6) c
7) h
8) i
9) g

제39과

☞p. 176

1. 私は恋愛結婚の方がいいと思います。自分が好きな人は自分で探すのがいいと思います。

2. 人によって違いますが、大体女の人の場合は25歳、男の人の場合は30歳をこえない方がいいと思います。

3. この頃は核家族時代ですから自分どうしで暮らすのがいいと思います。

4. この頃の物価はあまり高いので一人の収入で暮らすのは貯金ができなくて困ると思います。また自己発展のためにも共働きの方がいいと思います。

5. 私は独身主義については深く考えたことがないんですが、自分が願う事なら構わないと思います。

6. これも人によってみんな違うと思いますが、私の場合は年と宗教と学歴を主にみます。

7. 日本では日本の風習がありますし、韓国では韓国の風習があると思います。韓国人の考え方では日本の風習が分からないし、あわないところもたくさんあるかも知れません。私の場合は二人がクリスチャンだったので教会で結婚式をあげました。

제40과

☞p. 190

1) どうぞお上がりください。
2) どうぞお話しください。
3) どうぞお取りください。
4) どうぞお使いください。
5) どうぞお持ちください。

1) 何をお聞きですか。
2) 何をお探しですか。
3) 何をお飲みですか。
4) 何をお選びですか。
5) 何をお書きですか。

1) 何時にお戻りですか。
2) 何時にお出かけですか。
3) 何時にお着きですか。
4) 何時にお休みですか。

著者 略歷

金惠玉

- 韓國外國語大學校 教育大學院
  日本語教育科 卒業
- 國外旅行案內員 資格證 取得
- 觀光通譯案內員 資格證 取得
- 日本大使館主催 國際交流基金 招請
  韓日・日韓 靑少年文化交流團 日本硏修
- 前 現代通譯・外國語學院 日本語講師
- 現 金惠玉 飜譯事務所 運營

会話로 배우는 日本語
벚꽃 향기 속으로
2

인쇄일 / 1997년 10월 20일 초판인쇄
발행일 / 1997년 10월 25일 초판발행
등록일 / 1989. 12. 20.   등록번호 6-95

저 자 / 金 惠 玉
발행인 / 朴 海 成
발행처 / 正進出版社

주 소 / 서울시 성북구 장위2동 66-6호
☎ 918-2789, 2790   FAX. 912-1461
© 正進出版社 1997

정가 7.000원

ひらがな

が [ga]	ざ [za]	だ [da]	ば [ba]	ぱ [pa]
ぎ [gi]	じ [ji]	ぢ [ji]	び [bi]	ぴ [pi]
ぐ [gu]	ず [zu]	づ [zu]	ぶ [bu]	ぷ [pu]
げ [ge]	ぜ [ze]	で [de]	べ [be]	ぺ [pe]
ご [go]	ぞ [zo]	ど [do]	ぼ [bo]	ぽ [po]

かたかな

ガ	ザ	ダ	バ	パ
ギ	ジ	ヂ	ビ	ピ
グ	ズ	ヅ	ブ	プ
ゲ	ゼ	デ	ベ	ペ
ゴ	ゾ	ド	ボ	ポ

● **拗音**（ようおん）

きゃ [kya]	しゃ [sha]	ちゃ [cha]	にゃ [nya]	ひゃ [hya]	みゃ [mya]	りゃ [rya]
きゅ [kyu]	しゅ [shu]	ちゅ [chu]	にゅ [nyu]	ひゅ [hyu]	みゅ [myu]	りゅ [ryu]
きょ [kyo]	しょ [sho]	ちょ [cho]	にょ [nyo]	ひょ [hyo]	みょ [myo]	りょ [ryo]
ぎゃ [gya]	じゃ [ja]			びゃ [bya]	ぴゃ [pya]	
ぎゅ [gyu]	じゅ [ju]			びゅ [byu]	ぴゅ [pyu]	
ぎょ [gyo]	じょ [jo]			びょ [byo]	ぴょ [pyo]	

キャ	シャ	チャ	ニャ	ヒャ	ミャ	リャ
キュ	シュ	チュ	ニュ	ヒュ	ミュ	リュ
キョ	ショ	チョ	ニョ	ヒョ	ミョ	リョ
ギャ	ジャ			ビャ	ピャ	
ギュ	ジュ			ビュ	ピュ	
ギョ	ジョ			ビョ	ピョ	